ISO 22301 で構築する 事業継続マネジメントシステム

佐藤 学・羽田 卓郎・中川 将征 [著]

日科技連

本書は、ISO 22301：2012の日本語訳として、JIS Q 22301：2013（以下、JIS規格票という）を使用しました。JIS規格票を引用するにあたっては、著作権者の許可を得ております。
　編集段階での校正には慎重を期しておりますが、万一、JIS規格票と異なる場合には、規格票を優先してください。

まえがき

本書はISO 22301による事業継続マネジメントシステムの構築に際し、「マネジメントシステムの理解」や「規格解釈」だけでなく、「構築側に求められる事項」を実践事例をベースに具体的に解説するものであり、BCMまたはBCMSを構築したい組織、もしくは認証取得を目指す組織の期待に応えるものである。

BCMSの第三者認証は海外では2006年よりUKAS(英国認証機関認定審議会)が、日本では2008年よりJIPDEC(一般財団法人 日本情報経済社会推進協会)が始めたが、認証の基準はどちらもBS 25999-2(英国規格)であった。

しかしながら、海外及び日本においても、BS 25999-2の発行以前から事業継続の取組みは行われており、各種ガイドラインが公表されてきた。それらガイドラインの内容はさまざまであり、事業継続＝防災訓練といった誤解やBCPという言葉一つとっても意味が異なる場合があった。BS 25999-2は認証基準でありそれなりに注目されたが、そのような状況を解消するほど普及はしなかった。

このような状況のなか、2012年5月にISO(国際標準化機構)からISO 22301(事業継続マネジメントシステム)が正式に発行された。事業継続に取り組む組織にとっては待望の国際標準である。

JIPDECは2012年12月よりBS 25999-2に代えてISO 22301を認証基準とした第三者認証を開始した。

本書はISO 22301：2012をもとに一般財団法人 日本規格協会より発行されたJIS Q 22301：2013を基準として解説している。

第1章では、BCMSの重要性や規格開発の経緯などを解説している。
第2章では、規格が要求するBCMSの構築と運用及びパフォーマンス

まえがき

評価と維持・改善について、その解釈と対応について実践事例を中心に解説をしている。第3章では、第2章の内容に加え、過去の教訓的事例を踏まえて実践的な BCP 策定のポイントを解説している。第4章では、BCP の有効性と組織への定着について解説している。第5章では、BCMS の認証制度及びその適用範囲について解説している。第6章では、ISO 9001 や ISO 14001、ISO/IEC 27001 など他のマネジメントシステムとの統合マネジメントシステムと BCMS について解説している。

本書の読者には、さまざまな目的があると思うが、BCMS の認証を取得したい読者は、第1章から第4章までを精読してほしい。BCP の策定のみを考えている読者は、第2章から第4章を精読してもらえば目的を達成できると考えるが、第1章および第5章にも、BCMS の基本的な概念が示されているので、あわせて読んでもらえば、より理解が深まるものと考える。

すでに BCP を策定しているが、その有効性に自信がないという読者は、第2章を参照したうえで第3章と第4章を精読し実践してほしい。

本書を執筆するにあたり、貴重な意見や丁寧にご指導いただいた㈱日科技連出版社編集部の方々、本書の構成で重要な要素である実践事例や資料を快く提供いただいた方々、及び第3章と第4章のレビューで貴重な意見や指摘をいただいたリコージャパンのコンサルタント小野 等氏に、深く感謝申し上げる。

末筆になるが、本書の執筆方針など、当初から提案・助言をいただいた故・石川裕樹氏に "本書の完成" をご報告したい。石川氏のご冥福を心からお祈り申し上げる。

2013 年 10 月吉日

執筆者代表　佐藤　学

目　次

まえがき ·· iii

第1章　事業継続マネジメントシステム（BCMS）とは ························ 1
1.1　事業継続マネジメントの重要性 ·· 2
　（1）　ビジネス環境の変化とリスクの変遷からの重要性　2
　（2）　防災観点での事業継続マネジメントの必要性　5
1.2　事業継続マネジメントシステム（ISO 22301）···························· 9
　（1）　事業継続マネジメント規格開発の経緯　9
　（2）　欧米の動向　9
　（3）　日本の動向　11

第2章　BCMS構築のステップと実施例 ··· 15
2.1　BCMSの構築の前に ··· 16
2.2　箇条4　組織の状況 ··· 18
　（1）　箇条4.1　組織及びその状況の理解　18
　（2）　箇条4.2　利害関係者のニーズ及び期待の理解　25
　（3）　箇条4.3　BCMSの適用範囲の決定　27
　（4）　箇条4.4　BCMS　29
2.3　箇条5　リーダーシップ ··· 30
　（1）　箇条5.1　リーダーシップ及びコミットメント　30
　（2）　箇条5.2　経営者のコミットメント　30
　（3）　箇条5.3　方針　35
　（4）　箇条5.4　組織の役割、責任及び権限　37
2.4　箇条6　計画 ··· 38

v

目　　次

　　　(1)　箇条 6.1　リスク及び機会に対処する活動　38
　　　(2)　箇条 6.2　事業継続目的及びそれを達成するための計画　40
　2.5　箇条 7　支援 ··· 44
　　　(1)　箇条 7.1　資源　44
　　　(2)　箇条 7.2　力量　44
　　　(3)　箇条 7.3　認識　46
　　　(4)　箇条 7.4　コミュニケーション　47
　　　(5)　箇条 7.5　文書化した情報　49
東日本大震災(2011.3.11 発生)帰宅困難者のメモ ································· 56
　2.6　箇条 8　運用 ··· 62
　　　(1)　箇条 8.1　運用の計画及び管理　62
　　　(2)　箇条 8.2　事業影響度分析及びリスクアセスメント　63
　　　(3)　箇条 8.3　事業継続戦略　76
　　　(4)　箇条 8.4　事業継続手順の確立及び実施　84
　　　(5)　箇条 8.5　演習及び試験の実施　102
　2.7　箇条 9　パフォーマンス評価 ··105
　　　(1)　箇条 9.1　監視、測定、分析及び評価　106
　　　(2)　箇条 9.2　内部監査　113
　　　(3)　箇条 9.3　マネジメントレビュー　117
　2.8　箇条 10　改善 ···122
　　　(1)　箇条 10.1　不適合及び是正処置　122
　　　(2)　箇条 10.2　継続的改善　124

第 3 章　いざというとき役に立つ BCP 策定のポイント ··················· 127
　3.1　BCP(事業継続計画)と CMP(クライシスマネジメント計画) ·········128
　3.2　BCP は事業を構成する各業務間のリレーの継続·····························130
　3.3　事業の評価と優先付け(船頭多くして船、山に上る) ······················131

目　次

3.4　事業の構成要素の明確化と許容停止時間／目標復旧時間の算定-----132
3.5　BCP策定におけるリスク想定の考え方------------------------------------135
3.6　BCPの各活動の特性とその設計--137
　(1)　インシデント対応（初動対応段階）　138
　(2)　事業継続対応（復旧段階）　140
　(3)　復旧対応（平常活動復帰段階）　142
　(4)　BCP文書の作り方：シンプル・イズ・ベスト　143
　(5)　BCP行動計画を表形式で作成するメリット　147

第4章　BCPの有効性確保と組織への定着 --------------------------- 149
4.1　BCPの有効性確保---150
　(1)　BCPの策定状況確認　151
　(2)　BCPの運用・維持・改善状況の確認　154
4.2　BCPの組織への定着---155

第5章　BCMS認証制度と適用範囲-- 159
5.1　BCMS認証制度 --160
　(1)　認証制度の概要とメリット　160
　(2)　BCMSの受審条件　164
　(3)　BCMS認証審査のアプローチ　167
5.2　BCMS適用範囲 --169
　(1)　BCMSにおける適用範囲の考え方　169
　(2)　適用範囲設定のためのポイント　172

第6章　BCMSと他のマネジメントシステムとの統合--------------------- 177
6.1　統合マネジメントシステムとは---178
　(1)　統合マネジメントシステムの背景　178

（2）　Annex SL の上位構造、共通の中核となるテキスト　　180
6.2　BCMS におけるシステムの「統合」---182
　（1）　Annex SL と ISO 22301 規格　　182
　（2）　組織の状況　　183
　（3）　事業プロセスへの要求事項の統合　　185
　（4）　「リスク」と「機会」の決定、及び「予防処置」の発展的解消　　186
　（5）　BCMS にとっての「統合」の方向性　　189

参考文献　191
索　　引　193

第1章
事業継続マネジメントシステム（BCMS）とは

（執筆者：中川将征）

本章では事業継続マネジメントの重要性に関する世界的な議論およびさまざまな自然災害や人為的災害のインシデント事象と、それらのインシデント発生の結果を受けた世の中の動きを解説している。我々が「めったなことで起こらない」と考えているさまざまな事象は、実際は「世界のどこかで常に発生」している。企業の事業継続能力の強化は、これらのさまざまな事象からの学習が必須である。

また、本章では2012年に発行されたISO 22301の規格開発の経緯について、国内外の状況を解説する。

第1章　事業継続マネジメントシステム(BCMS)とは

1.1　事業継続マネジメントの重要性

(1)　ビジネス環境の変化とリスクの変遷からの重要性

　昨今、企業経営を取り巻く環境はそのインフラも含め、凄まじいスピードで変化している。IT技術一つとってみてもその技術的な進歩に伴い、企業のビジネスプロセスもさまざまな形で効率化し、ビジネススピードを加速させている。もはや地理的にも時間的にも、多くの企業では言葉どおり「グローバル経営」が何らかのプロセスで実現されているという言い方ができるだろう。これは別に大企業に限ったことではなく、それら大企業のサプライチェーン・バリューチェーンに組み込まれているさまざまな中堅・中小企業も結果として同様であり、好むと好まざるとに関わらず、日本企業は世界の大きなビジネスプロセスにリンクしている。

　このように、過去に比してビジネスプロセスが時間と空間をたやすく超えることが可能になると、そこにはさまざまなビジネスチャンスが生まれるとともに、過去にはなかったさまざまなリスクにも直面することになる。つまり日本企業にとっては未知の事象に否が応でも対応する必要に迫られているのである。昨今の例でわかりやすいのは特にチャイナリスクのような、カントリーリスクとそれに伴うサプライチェーン上の調達リスクなどであろう。これは中国だけではなく、国、政治形態、民族、宗教、人種、経済レベル等々、そこにはさまざまな、我々の常識が通用しない世界があり、異なる価値観があるのである。我々はまずそのスタートラインの認識をあらたにしたうえで、それらの事象にどのように取り組むべきか検討する必要がある。

　企業を取り巻く、「事業を中断」する可能性のあるさまざまなリスク事象を例としてあげてみると、以下、**図表1.1**のようにまとめることができる。

1.1 事業継続マネジメントの重要性

図表 1.1 企業経営を取り巻くさまざまなリスク

自然災害
（地震、台風、洪水など）

サプライチェーン
（下請け企業の倒産、被災によるサプライ途絶など）

コンプライアンス・ガバナンス
（不法行為、脱税、粉飾決算など）

環境やCSR問題
（地下水汚染、不法投棄、人権問題、レピュテーションなど）

国家・政治
（戦争、諸外国からの外圧、情勢不安など）

労働安全衛生
（感染症メンタルヘルスケア、交通事故、ストライキなど）

事　業

社会・経済
（市場や消費者の変化、株価、為替変動など）

施設・設備
（火災、故障、盗難など）

情報セキュリティ
（ITシステムダウン、情報漏えいなど）

技術
（技術やノウハウの流出、後継者不足など）

　事業継続マネジメントについて考える際、最初に認識しなければならないことは、「事業継続＝防災・災害対応」ではないという点である。誤解のないように強調しておくが、もちろん、これらのリスクのなかで日本企業が事業継続を考えるうえで地震防災は必須であり、中核となることは事実であろう。日本は世界に類をみない災害大国であることは紛れもない事実であり、結果として地震災害というシナリオを事業継続マネジメントの中核に置くこと自体は誤りではない。

　ただし事業継続マネジメントの枠組みを理解するうえでは、地震対応から入ってしまうと誤解をしやすいため、ここではまず定義を明確にするところから入りたい。

　事業継続マネジメントとは、「事業中断を引き起こす可能性のある事

第1章　事業継続マネジメントシステム（BCMS）とは

象に対して認識し、備えることによって組織の対応力や復旧力を強化していく取組み」である。したがって、その対象となるリスク事象は、結果としては他のマネジメント（例えばファイナンス等）体系のなかで管理される場合であっても、本質的にはすべてのリスク事象が対象となると認識する必要がある。

昨今では、新型インフルエンザ（弱毒）でのパンデミック宣言の例、CSR的課題からのレピュテーション（風評）ダメージの例、あるいは震災に伴うサプライチェーンリスクが顕在化した事例などがあるが、このような「災害シナリオ」ベースではなく、各リスクからの「インパクト」ベースという発想が必要という認識は進んできており、「事業継続＝地震防災」との単純な誤解は減ってきているが、大手企業のさまざまな事業継続計画（BCP）といわれるものを見ると、まだまだ地震防災の域を出ていないケースも見られるのが実態である。

これらビジネス環境の変化は以下の3点にまとめることができる。

1. 社会・ビジネス構造の変化
2. 市場の変化
3. リスク事象の変化

つまり、上述したように社会やビジネスの構造がグローバル化するとともに、そのスピードは加速している。個々のビジネスにおける企業間の相互依存度はより高度なものとなり、同時にその冗長性は失われつつある。つまり、ビジネス全体、社会全体としては非常に脆弱な状態へと変化してきている。そのため、一昔前なら地球の裏側の事象にとどまった局所的課題が全世界的な課題へと一気に加速するような事象も出てきている。企業にとっては全世界での日々変化するさまざまなリスクをリアルタイムで把握することなど、現実問題としては不可能である。今後、ますますそれらのリスクの所在は不透明になり、相対的にリスクは大きくなっているといわざるをえない。

また、マーケット（市場）の観点から事業継続というテーマを考えると、事業継続の取組みはもはや企業の存続をかけた競争力の一部であり、その社会的責任としてのみならず、取引条件のレベルで相手から求められるものになりつつあるといえる。これは例えばA社、B社の2社を調達先として選定する場合、選定する側としては、事業継続マネジメントを導入することにより、「目標復旧時間を明確にされたSLA（サービスレベルアグリーメント）を明確に提示できるA社と、そうでないB社とどちらが選定しやすいか」という単純な話になる。すでに市場においては、このような個々の契約条件における不測の事態における「免責範囲」が縮小しており、それが競争力の一部となっていることを認識しなければならない。また、マーケットもそのような企業の取組みを評価する土壌ができつつある。昨今のCSRレポートの記述には必ず事業継続のテーマが記載されていることからも読み取れる。さらに日本政策投資銀行などによる防災格付け、あるいは地方自治体などが主導する建設業BCP認定制度などもその一つということができるだろう。

　最後に、リスク事象の変化があげられる。つまり、伝統的脅威の一つである大規模地震の発生確率が年々上昇したり、新型インフルエンザ（強毒）のような新しいタイプの脅威が出現する、といったことである。

(2)　防災観点での事業継続マネジメントの必要性

　上述したように事業継続マネジメントは、事業中断を引き起こす事象に対して予防的かつ包括的に取り組むことによって企業の対応力や復旧力を向上させるという取組みである。そのなかには地震を含む自然災害は当然含まれねばならない。

　これらの「防災」という観点について、日本国内では阪神淡路の震災を初めとするさまざまな被災経験を通じて、世界最先端の耐震建築技術を含めて、各種の法体系の整備や官民連携の防災ネットワーク等も発展

第1章　事業継続マネジメントシステム(BCMS)とは

させてきた。結果として、各種災害に対する高い対応力と復旧力を備えていることを国内外に示してきた。これらの日本の高い災害対応能力は世界トップクラスといえるであろう。また、日本人が長い歴史のなかで培ってきた日本人の特質ともいえる緊急時の相互扶助精神の発揮については、世界からも賞賛を浴びている。これらの官民連携した高い対応能力、復旧能力は今後の災害時にも遺憾なく発揮されるだろう。

しかし一方で、これらは決して個々のボランティア精神にもとづく自己犠牲の賜物であってはならない。組織の経営者・管理者はそのような個々人、あるいはチームとしての高い能力を存分に効率よく発揮し、自社ならびに社会の再建を速やかに行えるように各活動をシステム化し準備する責務がある。

以下の図表1.2〜図表1.4は *Natural Disaster Data Book 2011* による、国内外の主要な自然災害の発生頻度の推移、死者数、経済的被害をトレンドで示したものである。

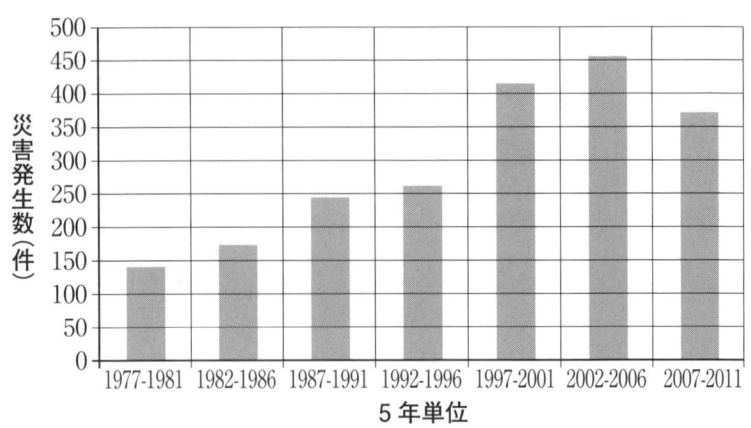

図表1.2　災害発生数推移(5年単位平均)　(1977〜2011年)

出典）Asian Disaster Reduction Center ADRC：*Natural Disasters Data Book 2011*
（http://www.adrc.asia/publications/databook/DB2011_e.html）

1.1 事業継続マネジメントの重要性

図表 1.3　死者数推移（5 年単位平均）（1977〜2011 年）

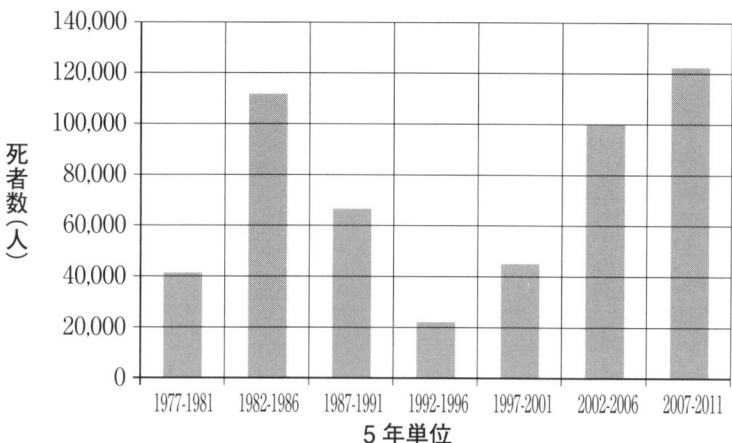

出典）　Asian Disaster Reduction Center ADRC：*Natural Disasters Data Book 2011*
　　　（http://www.adrc.asia/publications/databook/DB2011_e.html）

図表 1.4　経済的被害の推移（5 年単位平均）（1977〜2011 年）

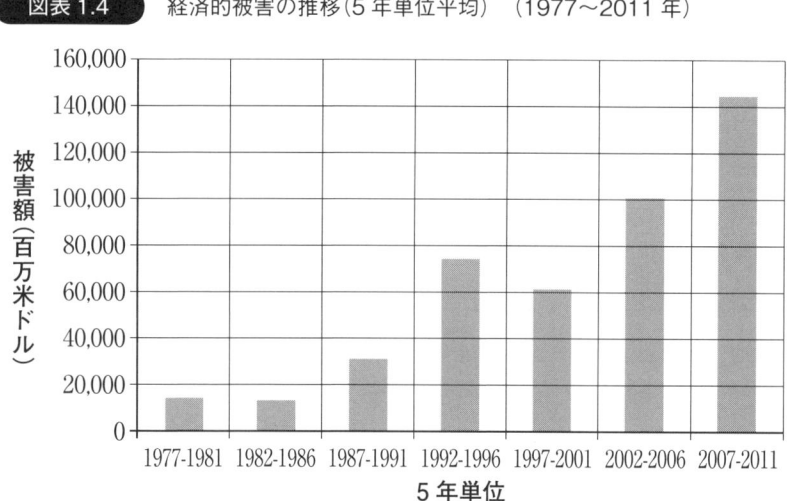

出典）　Asian Disaster Reduction Center ADRC：*Natural Disasters Data Book 2011*
　　　（http://www.adrc.asia/publications/databook/DB2011_e.html）

第1章　事業継続マネジメントシステム(BCMS)とは

以上を見てわかるように、発生頻度を5年単位でまとめてみると、2011年単年では低下しているが全般に右肩上がりである。また、死者の数は東日本大震災の影響もありこれも右肩上がりである。そして経済被害は明らかに増大していることがわかる。つまり、事業継続の世界ではよく使われる言葉だが、「めったに起こらない」と我々が考えているようなことは常に「世界のどこかで発生している」のであり、その被害規模は経済の相互依存度に比例して大きくなっているということを認識しなければならない。

2011年は日本にとっては東北の大震災、ならびに原子力災害、それに続く電力不足、さらにはタイの洪水によるサプライチェーンへの影響等、経済的にも二重三重のダメージを受けた災厄の年といえる(**図表1.5**)。

つまり、日本固有の首都直下型地震や南海トラフ地震のような巨大災害も引き続き想定が必要なうえに、特にアジアに関連する災害等については、サプライチェーンリスクとして認識した備えが重要ということで

図表1.5　2011年　アジアにおける自然災害による最大死者数

	災害のタイプ	発生した国	災害発生日	死者数	被災者数	損失額(USD百万)
1	地震	日本	2011年3月11日	20,319	405,719	210,000
2	洪水	タイ	2011年8月6日	813	9,500,000	40,000
3	洪水	パキスタン	2011年8月	456	5,800,000	－
4	洪水	カンボジア	2011年8月	207	1,350,000	95
5	洪水	中国	2011年6月3日	168	－	1.143
6	洪水	ミャンマー	2011年10月20日	106	10,000	2
7	暴風雨	フィリピン	2011年9月24日	103	3,030,846	344
8	洪水	中国	2011年9月	102	21,560,000	4,080
9	洪水	ネパール	2011年6月	89	1,858	－
10	暴風雨	フィリピン	2011年7月26日	84	1,108,224	63

出典)　Asian Disaster Reduction Center ADRC：*Natural Disasters Data Book 2011*
　　　(http://www.adrc.asia/publications/databook/DB2011_e.html)

ある。我々のビジネスがグローバルレベルで密接に関連している以上、これら自然災害リスクも世界と結びついていると考える必要がある。

1.2 事業継続マネジメントシステム（ISO 22301）

(1) 事業継続マネジメント規格開発の経緯

事業継続マネジメントである ISO 22301 は、英国、米国、日本、オーストラリア、イスラエルの5カ国の原案規格（Best five documents といわれる）をベースに議論が繰り返され、最終的に 2012 年に発行された。したがって、すでに日本国内で JIPDEC（一般財団法人 日本情報経済社会推進協会）の元で運用されている、BS 25999-2（英国規格）は、ISO 22301 の原案の一つとして中心部分を構成しているものであるが、それがすべてではない。特にこの BCMS 規格は、地域別に想定するリスク等が異なるなかで「事業継続」というテーマを議論する必要があったため、規格開発にはさまざまな紆余曲折があったといわれている。

(2) 欧米の動向

英国では、80 年代からの IRA のテロ（爆弾が主な手段）との長きに渡る闘いの歴史をベースに、テロ対策の視点から危機管理（及び事業継続管理）が議論されてきた。規格開発という点では、Business Continuity Initiative（事業継続協会）という団体が作成した Good Practice Guideline（最適規範）といわれるガイドラインが発行され、さらに英国規格協会によって GPG をベースに PAS 56 規格が作成され、最終的に BS 25999 規格（事業継続マネジメント規格：2006 年にガイドラインである Part-1、2007 年には仕様書である Part-2）が発行された。

一方、米国では 2001 年の 9.11 同時多発テロ事件が、事業継続という

第1章　事業継続マネジメントシステム(BCMS)とは

テーマを本格的に検討する契機となったといわれている。当時米国にはすでにNFPA1600という防火協会が発行する規格が存在したが、この規格はその名のとおり消防・防災的な観点を中心としていた。9.11委員会は事件後にさまざまな調査を行ったが、その一つにNFPA1600に準拠した枠組みをもつ多くの企業は比較的再立ち上げが早かったという事実があったため、「NFPA1600を民間企業へさらに拡大すべきである」との見解が出された。そこでNFPAの有効性も含めてさまざまな検討が開始され、現在ではNFPA1600もISOのPDCAサイクルを意識した形の改訂版が発行されている。また、これらに加えてASISというセキュリティの団体が明確にISOを意識した規格を発行したため、最終的には9.11コミッションにもとづく連邦政府による「事業継続計画認証制度(PS-prep：Privet SectorのPreparednessの意)」では、NFPA1600、ASIS、BS 25999の3つの規格が採用され選択可能となった。連邦政府主導の第三者認証制度には賛否両論があるものの、AT&Tなどの企業がすでに2012年に認証されている。2013年1月時点ではISO 22301への移行については未発表であるが、最終的に規格そのものはISO 22301へと集約されていくと考えられる。

また、米国ではサプライチェーンの安全確保についての取組みを強化している。2012年に米国政府より発行された「グローバルサプライチェーンの安全に関する国家戦略(National Strategy for Global Supply Chain Security)」がその方向性を示している。これは戦略レベルの内容であるため、政策の落とし込みの具体的内容は今後決められていくことになるだろうが、米国の意向として「自然災害、人為的災害を問わず、さまざまなグローバルサプライチェーンの被災による経済的損失を低減させるため、輸送及び情報インフラの強化を図るとともに、それらが被災した際の回復力の強化を目的として、今後官民連携の体制やさまざまな施策を打ち出す」としている。日本企業にとっても大きな影響を及ぼ

1.2 事業継続マネジメントシステム（ISO 22301）

す内容であり、今後とも注視が必要である。

(3) 日本の動向

　日本では、規格化という意味では阪神淡路の大震災を契機にJIS Q 2001 リスクマネジメント規格がISOを意識しつつ発行されるなどの取組みは行われたが、事業継続に関する国内規格は存在していなかった。また、日本では地震に関する各種のガイドライン等の整備は進んできたが、人為的災害、特にテロ等のリスクに対しては発生の可能性が低いとの認識（実際は、地下鉄サリン事件は世界に類を見ない化学兵器による明確なテロ行為であったにもかかわらず）から、自然災害に傾倒したガイドラインとして発展をしてきた経緯がある。

　実際、各種の自然災害の発生比率だけを見ても、欧米エリアは地理的にアジア地区よりもリスクが低いため、特に欧米を中心とした場合は自ずと政情不安とリンクした人為的災害であるテロ等が中心に議論される傾向がある。そのため、国際レベルでの議論では、欧米が想定リスクとしてテロの危険性を中心に置く傾向に対し、日本の想定リスクの筆頭は地震であり、なかなか議論が噛み合わないのが実態であった。その後、徐々にではあるが、米国での巨大ハリケーンによる甚大な被害、中国の四川省における大地震等の事象が顕在化するにつれ、「人為的災害のみならず自然災害リスクが事業継続に大きな影響を与える」という認識は国際社会にも広がっていくこととなった。

　そのような背景のなかで、規格開発に対するスタンスとしては、日本は前述のとおり自然災害、なかでも地震災害に特化した形でさまざまな取組みがすでに進んでおり、また、ISO 9001 や ISO 14001、ISO 27001に疲弊した一部の産業界の声や政府関係を中心に、第三者認証用規格としての事業継続マネジメントシステム規格開発については一貫して否定的であった。しかし最終的にISO化が要求事項化、あるいは単なるガ

第1章　事業継続マネジメントシステム(BCMS)とは

イドライン化のどちらの方向へ動くにせよ、国家規格をもたない日本の意見はこのままではISO化のプロセス上に反映する方法がないため、日本は正式な国家規格をもたないまま、当時すでに発行されていた内閣府のガイドラインを日本原案として提出し、規格開発過程において日本の影響力を及ぼそうと試みた。これは最終的にPAS 22399規格というガイドライン規格の発展に貢献することとなった。最終的にはISO 22301という別の規格が要求事項規格としてBS 25999規格に似た形で発行されたものの、元々内閣府のガイドラインは要求事項の形ではなく解説文書形式であるため、その日本の知見は今後PAS 22399がISO 22313ガイドライン規格へと発展するなかで、引き継がれていくだろう。

　第三者認証という点については、日本では前述のとおりJIPDECがBS 25999-2をベースとした民間主導での第三者認証制度をすでに立ち上げており、日本企業も30件以上の認証を取得している。今回、最終的にISOとして事業継続マネジメントシステム規格が発行されたことによって企業としての方向性を決めかねていたセカンドグループ以降が、今後ISO 22301をベースにした事業継続マネジメントの取組みを加速させるものと考えられる。

　また、日本は2011年3月11日以前とは異なり、東日本大震災を経て、原子力災害、電力不足、タイの洪水、アルジェリアでのテロ被害等、さまざまな「想定外」事象に見舞われた実体験をもつ。このような社会的背景から、事業継続マネジメントの「必要性」についてはすでに疑う余地がなく、政府はこのISO 22301をベースとした事業継続マネジメントを積極的に推進(事業継続計画の策定を含む)するため助成金を用意したり、公的調達の要件に盛り込むといった取組みを始めた。深刻な被害が顕在化して初めてコンセンサスが得られるということは哀しむべきことではあるが、これは貴重な一歩である。今後、企業には地域社会と密接

1.2 事業継続マネジメントシステム（ISO 22301）

に連携した総合的なリスク対策を含む、包括的な事業継続マネジメントシステムの活用が求められている。

第2章
BCMS 構築のステップと実施例
（執筆者：佐藤学）

　本章では JIS Q 22301 の箇条4より順に従って構築する場合の解説をする。

　JIS Q 22301 の箇条4から箇条10までの要求事項とその達成方法を解説し、合わせて実践事例も紹介している。また、実践のための重要な事項を「Point」として掲載している。

　本章の実践事例は製造業のものであるが、サービス業であっても手順は同じであるので参考にしてもらいたい。

　「Point」に掲載した事項は構築の現場で得られた知見が中心であるが、規格には書かれていない構築に役立つ情報も含まれているので、これも参考にしてもらいたい。

　JIS Q 22301 および JIS Q 31000 は必要な箇所をそれぞれ本文中で引用してある。

2.1 BCMSの構築の前に

BCMSの構築の前に本書で解説する事業継続マネジメントシステム、事業継続マネジメント及び事業継続計画の3つの用語について、正しく理解しておく必要がある。

JIS Q 22301 で定義されている「箇条 3.4　事業継続マネジメント（Business Continuity Manegement）」「箇条 3.5　事業継続マネジメントシステム（Business Continuity Manegement System）」「箇条 3.6　事業継続計画（Business Continuity Plan）」の包含関係は**図表 2.1** のとおりである。

「箇条 3.5　事業継続マネジメントシステム」の略語は「BCMS」と定

図表 2.1　BCMS、BCM および BCP の包含関係

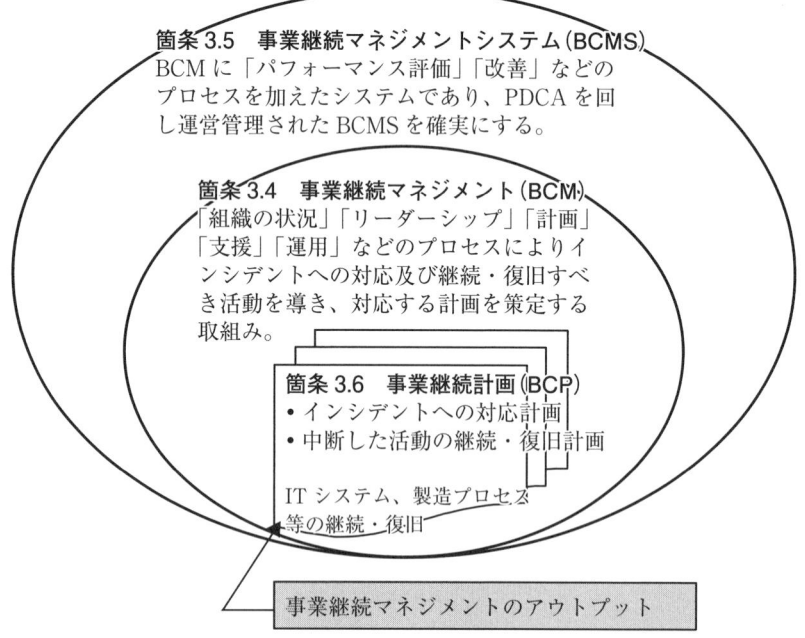

義されているが、「箇条3.4　事業継続マネジメント」及び「箇条3.6　事業継続計画」の略語は定義されていない。一般に事業継続マネジメント（Business Continuity Manegement）は「BCM」、事業継続計画（Business Continuity Plan）は「BCP」が略語として使われる。BCPは事業継続マネジメント（BCM）のことを指して使われる場合もあるが、それはJIS Q 22301の定義とは異なる。

図表2.2で「JIS Q 22301の用語の定義（抜粋）」を示す。規格に定義されていない略語であっても用いたい場合は、例えば、BCMS管理運用規定などの組織の規定で定義すればよい。

JIS Q 22301の箇条4からのBCMS構築のステップにおいて、成果物

図表2.2　JIS Q 22301の用語の定義（抜粋）

用語	定義
箇条3.4　事業継続マネジメント	組織への潜在的な脅威、及びそれが顕在化した場合に引き起こされる可能性がある事業活動への影響を特定し、主要な利害関係者の利益、組織の評判、ブランド、及び価値創造の活動を保護する効果的な対応のための能力を備え、組織のレジリエンスを構築するための枠組みを提供する包括的なマネジメントプロセス。
箇条3.5　事業継続マネジメントシステム（BCMS）	マネジメントシステム全体のなかで、事業継続の確立、導入、運用、監視、レビュー、維持、改善を担う部分。 注記　マネジメントシステムには、組織の構造、方針、計画作成活動、責任、手順、プロセス及び資源が含まれる。
箇条3.6　事業継続計画	事業の中断・阻害に対応し、事業を復旧し、再開し、あらかじめ定められたレベルに回復するように組織を導く文書化された手順。 注記　多くの場合、この計画は、重要業務の継続を確実にするために必要な資源、サービス及び活動を対象とする。

出典）『JIS Q 22301：2013　社会セキュリティー－事業継続マネジメントシステム－要求事項』より筆者作成

を要求する節・項については「求められる成果物」という見出しを付けて具体的な目標及び達成方法の例を示し、成果物の要求のない節・項は見出し「留意事項」をつけて留意すべき事項及び関係する章、節、項を示してある。

2.2 箇条4 組織の状況

以下、JIS Q 22301 の箇条4について解説していく。

(1) 箇条4.1 組織及びその状況の理解

ISO 22301 / JIS Q 22301

組織は、組織の目的に関連し、かつ、その BCMS の意図した成果を達成する組織の能力に影響を与える、外部及び内部の課題を決定しなければならない。

組織の BCMS を確立し、実施し、維持するに当たって、これらの課題を考慮しなければならない。

組織は、次の事項を特定し、文書化しなければならない。

a) 組織の事業活動、機能、サービス、製品、取引関係、サプライチェーン、利害関係者との関係、及び事業の中断・阻害を引き起こすインシデントに関係する潜在的な影響

b) 事業継続方針と、組織の目的及び組織の総合的なリスクマネジメント戦略を含むその他の方針とのつながり

c) 組織のリスク選好
状況を明確にするに当たって、組織は次を実施しなければならない。

1) 事業継続に関係するものを含め、組織の目的を明確に述べる。

> 2) リスクを生じさせる不確かさを生む内部及び外部の要因を定義する。
> 3) リスク選好を考慮に入れて、リスク基準を設定する。
> 4) BCMSの目的を定義する。

【求められる成果物】 a)～c)及び1)の文書化が求められる。

a)では「組織の状況を表す文書」を求めている。そのため以下の事項を特定し、文書化しなければならない。

1. 組織の事業活動
   理念、特長(工法、サービス)、業界の位置づけなどで示すことができる。
2. 機能
   組織図などで示すことができる。
3. 提供する製品・サービス
   具体的に示す必要がある。
4. 取引関係
   具体的に示す必要がある。
5. サプライチェーン
   図などにより、具体的に示す必要がある。
6. 利害関係者との関係
   提供、受領の別を含め、図などにより、具体的に示す必要がある。
7. 事業が中断・阻害された場合の潜在的な影響
   サービス・製品の売り上げ構成比、利益率などで示すことができる。

図表2.3で「組織の状況」の例を示す。

a)ではさらに「事業活動への潜在的な影響を表す文書」を求めているが、これについては次のような視点で組織への貢献度を評価すると、組

第 2 章　BCMS 構築のステップと実施例

図表 2.3　組織の状況の例

文書番号	「JIS Q 22301/4.1 組織及びその状況の理解」	承認	審査	作成
BCMS-401-0	組織の事業活動、機能、サービス、製品等の特定			

「㈱○○製作所」の組織の事業活動、機能、サービス、製品、取引関係、サプライチェーン、利害関係者との関係は次のとおりとする。

①	組織の事業活動 (主要製品及び事業内容)	主要な製品は自動車機能部品・自動車安全部品・産業機器精密部品であり、事業内容は、精密部品の金型開発・設計製作およびプレス加工。プレス加工後の二次加工として切削および、研磨加工である。
②	機能 (組織図で示す)	管理部、製造部、金型設計開発部 (詳細は組織図を参照)
③	提供するサービス・製品 (具体的に示す)	自動車機能部品・自動車安全部品・産業機器精密部品
④	取引関係	納入先：中部部品製造㈱様、㈱近代部品様 仕入先：美鈴鋼板ベルト㈱様 業務委託先：㈱深川熱処理様、昭和高速運輸㈱様 取引金融機関：東静岡銀行㈱様
⑤	サプライチェーン：(図で具体的に示す。)	

織への影響度を評価しやすい。

　例えば、製品・サービスの売上げ構成比、経常利益率、コアコンピタンス[*1]、事業成熟度、将来性等を評価し、中断した場合の組織への影響度を製品・サービスごとに特定する。

　図表 2.4 で「潜在的な影響の特定」の例を示す。

　b)では「事業継続方針、組織の目的及び他の方針との連関を表す文書」を求めている。

　これを満たすためには、「事業継続方針」や「組織の目的」及び組織内ですでに運用されている、例えば「QMS、EMS、ISMS、防災管理規定、自衛防災隊行動基準等が定める方針」との連関を文書で表す必要がある。この際、方針間で齟齬がないように整合を計ることが重要である。

　図表 2.5 で「組織の目的と各方針の連関」の例を示す。

＊1　企業の競争力の源泉となる技術やノウハウのこと。

2.2 箇条4 組織の状況

図表2.4 潜在的な影響の特定の例

文書番号	「JIS Q 22301/4.1 組織及びその状況の理解」	承認	審査	作成
BCMS-402-0	中断、疎外を引き起こすインシデントに関係する潜在的な影響の特定			

「㈱○○製作所」の事業の中断、疎外を引き起こすインシデントに関係する潜在的な影響は次のとおりである。

影響度の基準
4:非常に大きい 3:大きい 2:普通 1:小さい

主要な製品・サービス	製品・サービスの組織での位置付け					中断による組織への影響度	
	売上げ構成比	経常利益率	コア・コンピタンス	事業成熟度	将来性	影響度評価	スコア
①ギア及びカム	40%	非常に高い。	優れたものがある。	成熟期	国内:安定した売り上げが見込まれる。海外:ローエンドモデル向けの売り上げが期待できる。	非常に大きい。	4

図表2.5 組織の目的と各方針の連関の例

文書番号	「JIS Q 22301/4.1 組織及びその状況の理解」	承認	審査	作成
BCMS-403-0	組織の目的、事業継続方針及び他方針との連関			

「㈱○○製作所」の組織の目的、事業継続方針及び他方針との連関は次のとおりである。組織の目的が最上位にあり、これを実現するための基盤的な活動であるBCMS、QMS、EMS、及び防災活動などの諸活動の方針へ展開する。

《組織の目的》
創業以来の"塑性加工"という工法の深堀、先端技術の研究開発と対応、及び技術力の強化により…社会に貢献をする。

《BCMS方針》
人命最優先
利害関係者の信頼獲得

《QMS方針》
お客様満足度の向上
法令遵守

《EMS方針》
環境保全
地域への貢献

《防災規定》
迅速な初動

※「組織の目的」と各方針、及び方針間で齟齬があってはならない。

事業継続方針とは別に、箇条5.3では「BCMS方針」という用語が出てくるが、両者の意味するところは同じである。この段階では事業継続方針は策定されていないが、連関を示すことはできる。

c)では「組織のリスク選好を表す文書」を求めている。

ここで「リスク選好」とは「組織がBCMSで対応するリスクを決めること」であり、選好に際してはその対象と基準を明確にすべきである。

リスク選好の対象には公表されている報告書など、次のようなものがあげられる。

■リスク選好の対象
1. 国が公表している地震及び津波のデータ
   - 全国地振動予測図(文部科学省、地震調査研究推進本部)
   - 首都直下地震対策専門調査会報告(内閣府、首都直下地震対策専門調査会)
   - 南海トラフの巨大地震による震度分布・津波高について(第一次報告)(内閣府、南海トラフの巨大地震モデル検討会)

   など。
2. 都道府県が公表している地震、津波、及び浸水のデータ

   これらは都道府県のホームページ及びハザードマップで確認できる。
3. 上記以外の当該組織が認識しているリスク

   例えば、放射能汚染、新型インフルエンザ、サイバーテロなど。

■リスク選好の基準
リスク選好の基準としては次のような事項を含め当該組織が決めれば

よい。
1. 組織の状況
   製品またはサービスの提供（JIS Q 22301　4.1節　a））で特定する。
2. 組織の拠点の配置
   海外拠点の有無、拠点のある国の環境・衛生・防疫への取組み及び治安
3. 拠点のある地域の特徴
   活断層の有無、活火山の有無、海抜、原子力発電所の有無、過去の災害事例、海外からの渡航者の数

図表2.6で「リスク選好」の例を示す。

図表2.6 リスク選好の例

文書番号	「JIS Q 22301/4.1 組織及びその状況の理解」	承認	審査	作成
BCMS-404-0	組織のリスク選好			

「㈱○○製作所」は ISO 22301 4.1c)の求める「リスク選好」の対象と基準を次のとおり定め、BCMSで対応するリスクを選好する。

■ 選好の対象
選好の対象としては公表されている報告書など、次のものとする。
(1) 国が公表している地震及びつなみ：全国地震動予測図、南海トラフの巨大地震による震度分布・津波高について
(2) 都道府県が公表している地震、つなみ、及び浸水：県のHPで公表されている地震及びハザードマップ
(3) 上記以外の組織が認識しているリスク：大規模危険物貯蔵施設

■ 選好の基準
選好の基準は次の事項とする。
(1) 組織の状況(ISO 22301 4.1 a)で特定した事項）
(2) 組織の拠点の配置及び拠点のある地域の特徴：活断層の有無、海抜、原子力発電所の有無、過去の災害事例

■ 選好の結果
次の3つのリスクを当社のBCMSの対象とし選好する。
(1) 活断層地震によるリスク
(2) 集中豪雨によるリスク
(3) 大規模火災によるリスク

1)では「事業継続に関係するものを含めた組織の目的の文書化」を求めている。ここで「組織の目的」は組織の理念または経営方針のなかで言及されるので、BCMSに取組むために、新たに策定する必要はない。

第 2 章　BCMS 構築のステップと実施例

理念等から引用し BCMS 文書として策定すればよい。

図表 2.7 で「組織の目的」の例を示す。

図表 2.7　組織の目的の例

文書番号	「JIS Q 22301/4.1 組織及びその状況の理解」		承認	審査	作成
BCMS-405-0	組織の目的などについて				

「㈱○○製作所」のBCMSの構築、運用に際して、組織の目的など4つの要求事項に対して以下のとおり特定または対応する。

1) 組織の目的
　　創業以来の"塑性加工"という工法の深堀、先端技術の研究開発と対応、最新鋭の設備の導入、及び技術力の強化により"お客様に喜ばれるものづくり"を目指し、企業活動を通じて社会に貢献をする。
2) リスクを生じさせる不確かさを生む内部及び外部の要因
　　リスクアセスメントを実施することで内部及び外部の要因を明確にする。
3) リスク基準
　　リスクアセスメントの手順、様式を定め、明確にする。
4) BCMSの目的
　　BCMS方針のなかで明確にする。

> 留意事項　**ここで留意すべき事項は次のとおりである。**

「箇条 4.1　組織及びその状況の理解」で文書化する場合、2)、3)、4)[*2] について確実にしなければならない。

2)の「不確かさを生む内部及び外部の要因の定義」では、例えば、次のような事項について考慮することが求められる。

1. 内部要因

　　地震対策の状況、水害対策の状況など

2. 外部要因

　　地震の想定震度、降雨量と河川氾濫予測(ハザードマップ)など

内部要因はぜい弱度、外部要因は脅威度として「箇条 8.2.3　リスク

---

*2　1)は前述のとおり文書化の要求である。

アセスメント」の「リスク特定」および「リスク分析」で取り組むことになる。

3)の「リスク基準の設定」は、組織のリスクアセスメントの手順を定め文書化することである。具体的には「箇条8.2.3　リスクアセスメント」で取り組むことになる。

4)の「BCMSの目的」は、BCMS方針のなかで定義することができる。具体的な文書作成のためには「箇条5.3　方針」を参照してほしい。

(2) 箇条4.2　利害関係者のニーズ及び期待の理解

① 箇条4.2.1　一般

> ISO 22301 / JIS Q 22301
>
> BCMSを確立するに当たって、組織は次の事項を決定しなければならない。
> - BCMSに関連する利害関係者
> - その利害関係者の要求事項(例えば、明示されているか、暗に示されているか、義務か否かに関わらない利害関係者のニーズ及び期待)

「利害関係者及び利害関係者のニーズ・期待を特定した文書」

顧客、取引先、株主、公共・地域社会などの利害関係者を特定し、利害関係者のニーズおよび期待を特定する必要がある。例えば、以下のような事項について特定する。

1. 顧客
   製品(サービス)の安定した供給・品質・コスト
2. 取引先
   安定した注文量・コスト

3. 株主

　　災害に強い安定した経営

4. 公共・地域社会

　　災害時の地域への貢献

図表 2.8 で「利害関係者のニーズ及び期待」の例を示す。

図表 2.8　利害関係者のニーズ及び期待の例

文書番号	「JIS Q 22301/4.2 利害関係者のニーズ及び期待の理解」	承認	審査	作成
BCMS-406-0	利害関係者及び利害関係者のニーズ・期待			

「㈱○○製作所」において、BCMSに関連のある利害関係者及びニーズ・期待は以下のとおりとする。

利害関係者	内訳	ニーズ・期待
顧客	A社、B社、C社などの製品納入先10社	製品(サービス)の安定供給とそれを支えるマネジメントシステム及び適切な品質・コストの維持
取引先	原材料:E社、F社 梱包材:G社、H社 委託先:J社(熱処理) 　　　　H社(メッキ) 運送:Y社	安定した注文量・コスト
株主	◎◎銀行及び5人の個人株主	災害に強い安定した経営
公共・地域社会	○○市、及び隣接の□□町	災害時の地域への貢献 グランド及び駐車場は○○市より災害時の避難場所として指定されている。

② 箇条 4.2.2　法令及び規制の要求事項

───── ISO 22301 / JIS Q 22301 ─────

　組織は、その業務、製品及びサービスの継続並びに関係する利害関係者の関心のために、適用される法令及び規制の要求事項を特定し、入手し、評価するための手順を確立し、実施し、維持しなければならない。

> 組織は、これらの適用される法令及び規制の要求事項、並びに組織が同意するその他の要求事項を、BCMSの確立、実施及び維持において考慮することを確実にしなければならない。
>
> 組織は、この情報を文書化し、常に最新のものにしておかなければならない。法令、規制及びその他の要求事項の新規追加又は変更は、その影響を受ける従業員及びその他の利害関係者に周知しなければならない。

求められる成果物　「適用される法令・規制の要求事項を特定した文書」

例えば、組織に適用される法令・規制の要求事項を特定して、法令・規制一覧表を作成し、組織のBCMS運用管理規定等に含めて遵守させる。一覧表は規定の付表とすることもできる。

(3) 箇条4.3　BCMSの適用範囲の決定

① 箇条4.3.1　一般

ISO 22301／JIS Q 22301

> 組織は、BCMSの適用範囲を定めるために、その境界及び適用可能性を決定しなければならない。
>
> この適用範囲を決定するとき、組織は、次の事項を考慮しなければならない。
> - 4.1に規定する外部及び内部の課題
> - 4.2に規定する要求事項
>
> BCMSの適用範囲は、文書化した情報として利用可能な状態にしておかなければならない。

第2章 BCMS構築のステップと実施例

求められる成果物　「BCMSの適用範囲の確立と文書化」

「箇条4.1　組織及びその状況の理解」及び「箇条4.2　利害関係者のニーズ及び期待の理解」の結果を考慮して適用範囲を決定する。

Point　「適用範囲の文書化」
適用範囲はBCMS方針文書のなかで目的とともに表すことができる。

② 箇条4.3.2　BCMSの適用範囲の決定方法

> ISO 22301／JIS Q 22301
>
> 組織は、BCMSの適用範囲を決定するために、次に示す事項を実施しなければならない。
> a) BCMSに含まれる組織の部署を明確にする。
> b) 組織の使命及び目標、組織内外の義務(利害関係者に関係するものを含む。)、並びに法令及び規制上の責任を考慮し、BCMSの要求事項を決定する。
> c) BCMSの適用範囲に入る製品及びサービス、並びにそれらに関連する全ての事業活動を特定する。
> d) 顧客、投資家、株主、サプライチェーン、公共及び／又は地域社会の意見、ニーズ、期待、利益(必要に応じて)など、利害関係者のニーズ及び利益を考慮に入れる。
> e) 組織の規模、性質及び複雑度の観点から、それらに適したBCMSの適用範囲を定める。
>
> 適用範囲を定めるに当たって、組織は、除外事項を文書化し、説明しなければならない。いかなる除外事項も、事業影響度分析、又はリスクアセスメント並びに適用される法令及び規制の要求事項に

> よって決定された、BCMSの要求事項を満たす事業及び業務を継続できる組織の能力及び責任に影響を与えてはならない。

留意事項 ここで留意すべき事項は次のとおりである。

組織の適用範囲を決定するに当たっては、a)～e)の事項を確実にしなければならない。

除外事項があれば適用範囲のなかで説明する必要があるが、除外することが組織のBCMSに影響を与えてはならない。除外事項の例としては、「箇条4.1　組織及びその状況の理解」で特定した影響度の小さい製品・サービス及びそれらに関連した部署および事業所が挙げられる。

(4)　箇条4.4　BCMS

ISO 22301 / JIS Q 22301

> 組織は、この規格の要求事項に従って、必要なプロセス及びそれらの相互作用を含むBCMSを確立し、実施し、維持し、かつ、継続的に改善しなければならない。

留意事項 ここで留意すべき事項は次のとおりである。

「JIS Q 22301の要求事項を満足するBCMSを確立し、実施し、維持し、継続的に改善すること」及び「必要とされるプロセス及びそれらの相互作用をBCMSに含めること」が求められている。これに対応するためには、規格の箇条4から箇条10までをよく理解し、取り組む必要がある。どの箇条も欠くことのできない箇条であり、トップマネジメントの理解の下、組織全体で取り組むべきである。

第2章　BCMS構築のステップと実施例

2.3　箇条5　リーダーシップ

以下、JIS Q 22301の箇条5について解説していく。

(1)　箇条5.1　リーダーシップ及びコミットメント

> ISO 22301 / JIS Q 22301
>
> 　トップマネジメントにある者、及びその他の関連する管理層の役割を担う者は、BCMSに関してリーダーシップを実証しなければならない。
> 　例　このリーダーシップ及びコミットメントは、人員がBCMSの有効性に寄与できるよう動機付けし、権限を与えることによって示すことができる。

留意事項　ここで留意すべき事項は次のとおりである。

　トップマネジメントにある者、及びその他の関連する管理層の役割を担う者を対象にBCMSに関してリーダーシップを実証することを求めている。そのためには、箇条5.1以降の「箇条5.2　経営者のコミットメント」「箇条5.3　方針」及び「箇条5.4　組織の役割、責任及び権限」に関与することが必要であり、それによりリーダーシップを実証することができる。

(2)　箇条5.2　経営者のコミットメント

> ISO 22301 / JIS Q 22301
>
> 　トップマネジメントは、次に示す事項によってBCMSに関するリーダーシップ及びコミットメントを実証しなければならない。
> ・BCMSの方針及び目的を確立し、それらが組織の戦略的な

2.3 箇条5 リーダーシップ

方向性と両立することを確実にする。
- 組織の事業プロセスへのBCMSの要求事項の統合を確実にする。
- BCMSに必要な資源が利用可能であることを確実にする。
- 有効な事業継続マネジメント及びBCMSの要求事項への適合の重要性を伝達する。
- BCMSがその意図した成果を達成することを確実にする。
- BCMSの有効性に寄与するよう指示を与え、支援する。
- 継続的改善を促進する。
- その他の関連する管理層がその責任の領域においてリーダーシップ及びコミットメントを実証するよう、管理層の役割を支援する。

　　注記1　この規格で"事業"という場合、それは組織の存在の目的の中核となる活動という広義の意味で解釈することが望ましい。

留意事項　ここで留意すべき事項は次のとおりである。

トップマネジメントは次によってBCMSに関するリーダーシップ及びコミットメントを実証しなければならない。

1. BCMS方針、目的の確立とそれらの組織の戦略的方向性との両立

　このためにはトップマネジメントとしての考え方を明確に出す必要がある。

2. BCMSの要求事項と組織のビジネスプロセスとの統合

　組織の一部の仕組みを変えることになるが、BCMSの有効性のために必要であり前向きに取り組む必要がある。

3. BCMS に必要な資源の提供

　　BCMS 構築と運用のための体制及びそれに必要な要員、資金、場所などの支援ができる。

4. 効果的な BCMS 及び BCMS の要求事項を順守する重要性の伝達

　　組織の方針発表会などの場を活用する。

5. BCMS が意図する結果を確実に出すこと

　　BCMS の目的を実現するための目標の達成状況をレビューし、目標の達成に必要な指示を出す。

6. BCMS の有効性に寄与する人々の支持、支援

　　BCMS に関わる人々が策定する計画・提案等を承認し、必要な資源を提供する。

7. 継続的改善の推進

　　マネジメントレビューのアウトプットに対処し、また、翌年度の計画・運用に反映させる。

8. その他の関連する管理層の役割を支援

　　BCMS の構築運用の体制を明確にし、責任と権限を与えることが重要になる。

> **Point**　「トップマネジメントの参画の事例」
>
> 　　組織の規模、適用範囲の広がり、及び経営陣の熱意などにもよるが、次のような事例がある。
>
> 　　1. BCMS 運営委員会のような体制を組織し、トップマネジメント自ら委員長として陣頭指揮に当たり、文書の作成にも積極的に関与する。
>
> 　　2. BCMS 運営委員会のような体制を組織し、毎月1回はトップマネジメント自ら委員会を開催し、諸活動の報告を受け、必要な指示を出す。

3. BCMS 運営委員会のような体制を組織し、トップマネジメント自らは BCMS 最高責任者となり、BCMS 責任者を別途、任命して実務を任せ、報告を受け、適時、承認を与える。

ISO 22301 ／ JIS Q 22301

トップマネジメントは、BCMS の確立、導入、運用、監視、レビュー、維持及び改善へのコミットメントの証拠を次の事項によって示さなければならない。
- 事業継続方針を策定する。
- BCMS の目的及び計画が策定されることを確実にする。
- 事業継続マネジメントのための役割、責任及び力量を決定する。
- BCMS の実施及び維持に責任を負うために適切な権限及び力量を備える1名以上の者を、BCMS の責任者に任命する。
  注記2　BCMS の責任者は、組織内で他の職務と兼務することができる。

> 留意事項

ここで留意すべき事項は次のとおりである。

トップマネジメントは BCMS の確立、導入、運用、監視、レビュー、維持及び改善へのコミットメントの証拠を求められるが、以下の関連する取組みで積極的に関与しなければならず、トップマネジメントの理解と覚悟が求められる。

1. 事業継続方針の策定

　「箇条5.3　方針」の取組みで関与する。

2. BCMS の目的及び計画の策定

第2章 BCMS構築のステップと実施例

「箇条6.2　事業継続目的及びそれを達成するための計画」の取組みで関与する。

3. BCMSのための要員の役割、責任、及び力量の決定

「箇条5.4　組織の役割、責任及び権限」の取組みで関与する。

4. BCMS責任者の任命

有事の際に責任者が不在となることを避けるために、適切な権限及び力量をもつ者を一名以上、任命する。

ISO 22301／JIS Q 22301

トップマネジメントは、関連する役割に対して、責任及び権限を割り当て、組織内に伝達することを次に示す事項によって確実にしなければならない。

- リスク許容基準及びリスクの許容可能レベルを定める。
- 演習及び試験の実施に積極的に関与する。
- BCMSの内部監査の実施を確実にする。
- BCMSのマネジメントレビューを実施する。
- 継続的改善へのコミットメントを明確に示す。

留意事項　**ここで留意すべき事項は次のとおりである。**

トップマネジメントは次の事項によってBCMSのための役割、責任、権限の割り当て、及び組織内に伝達することを確実に行わなければならない。

1. リスク許容基準、リスク許容可能レベルの決定

組織のリスクアセスメントの方法及びビジネスリスクの許容可能レベルはトップマネジメントが経営的な判断で決定するべき事項である。

2. 事業継続計画の演習及び試験への積極的な関与

　トップマネジメント自らが演習に参加することにより、組織としてBCMSに取り組んでいるという姿勢を明確にする必要がある。また、このとき有事の際のリーダーシップを身につける。

3. BCMS内部監査の確実な実施

　トップマネジメントが内部監査の年間計画の策定と実施を指示する必要がある。

4. BCMSマネジメントレビューの実施

　トップマネジメントがマネジメントレビューを主催する必要がある。マネジメントレビューは既存の経営会議などに組み込むことができる。

5. 継続的な改善へのコミットメント

　例えば、BCMSの次年度の運用計画の策定に関与し、必要と認めた改善計画を承認することなどがあげられる。

(3) 箇条5.3 方針

ISO 22301 ／ JIS Q 22301

　トップマネジメントは、次の事項を満たす事業継続方針を確立しなければならない。

- 組織の目的に対して適切である。
- 事業継続目的の設定のための枠組みを示す。
- 適用される要求事項を満たすことへのコミットメントを含む。
- BCMSの継続的改善へのコミットメントを含む。

BCMS方針は、次に示す事項を満たさなければならない。

- 文書化した情報として利用可能である。
- 組織内に伝達される。
- 必要に応じて、利害関係者が入手可能である。

第2章 BCMS構築のステップと実施例

> - 定期的に及び大きな変更があった場合に、継続的に適切であるかをレビューする。
>
> 組織は、事業継続方針に関して文書化した情報を保持しなければならない。

求められる成果物「事業継続方針の策定」

トップマネジメントは本節の4つの事項を満たす事業継続方針を確立しなければならない。

事業継続方針は文書化して組織内に伝達し、必要に応じ利害関係者も入手できるようにする必要がある。また、適切な間隔でレビューされな

図表2.9 BCMS方針の例

BCMS方針

㈱○○製作所は工法技術の開発から金型設計製作、精密プレス加工という技術をもとに、自動車部品を始めとした多くのお客様のニーズに対応させていただいております。事業継続マネジメントシステム(以下、BCMSといいます)を当社の基盤的活動の一つとして位置付け、本方針を定めます。 　　　　　　　　　　　　　　　　　　【組織の目的との整合】

【目的】
(1) 従業員の生命尊重を第一とし、従業員が安心して働ける会社にします。
(2) 地域の初期初動、及び復旧に最大限の協力を行い、信頼をいただける会社にします。
(3) 利害関係者との調和を計り、スピーディな事業の復旧を行い、信頼をいただける会社にします。
(4) 事業継続目的を策定し、事業の継続を確実にします。
　　　　【事業継続目的を策定する枠組み】　　　　　　　　　　　【JISの要求事項への適合】
役員を含むすべての従業員は本方針の目的を実現するためにJIS Q 22301に適合したBCMSを構築し、Plan(計画)-Do(実行)-Check(点検)-Act(処置)を確実に回しBCMSを継続的に改善していきます。 　【BCMSの継続的改善】

【適用範囲】
組織: ㈱○○製作所　本社の全部署、□□事業所の管理部及び製造部
製品・サービス及び関連活動: 製品A、製品B、製品C及びそれらの外部委託先

　　　　　　　　　　　　　　　　本方針は平成○○年○○月○○日から施行する。

ければならない。
　図表2.9で「BCMS方針」の例を示す。

（4）　箇条5.4　組織の役割、責任及び権限

> ISO 22301 / JIS Q 22301
>
> 　トップマネジメントは、関連する役割に対して、責任及び権限を割り当て、組織内に伝達することを確実にしなければならない。
> 　トップマネジメントは、次の事項に対して、責任及び権限を割り当てなければならない。
> 　a)　BCMSが、この規格の要求事項に適合することを確実にする。
> 　b)　BCMSのパフォーマンスをトップマネジメントに報告する。

留意事項　　ここで留意すべき事項は次のとおりである。

1. トップマネジメントはBCMSに関連する役割の責任及び権限を割り当て、組織内に伝達しなければならない。例えば、BCMS構築・運用体制図を作成し、役割・責任・権限を明確にして組織内に伝達するといったことである。
2. BCMSがJIS Q 22301の要求事項に適合することを確実にする。
   　トップマネジメントの下で、内部監査、マネジメントレビューの仕組みを運用し、要求事項への適合性の評価、及び指摘された不適合への改善を計る。
3. BCMSのパフォーマンスをトップマネジメントに報告させる。
   　箇条9で定められる諸活動の結果をトップマネジメントに報告する仕組みを作る。

以上の事項は組織の大きさにもよるが、「箇条5.2　経営者のコミット

メント」のBCMS責任者の指示で実施されることが多い。

2.4 箇条6 計画

以下、JIS Q 22301の箇条6について解説していく。

(1) 箇条6.1 リスク及び機会に対処する活動

> ISO 22301／JIS Q 22301
>
> BCMSの計画を策定するとき、組織は、4.1に規定する課題及び4.2に規定する要求事項を考慮し、次の事項のために対応する必要があるリスク及び機会を決定しなければならない。
> - BCMSが、その意図した成果を達成できることを確実にする。
> - 望ましくない影響を防止又は低減する。
> - 継続的改善を達成する。
>
> 組織は、次の事項を計画しなければならない。
>   a) 上記によって決定したリスク及び機会に対処する活動
>   b) 次の事項を行う方法
>   1) その活動のBCMSプロセスへの統合及び実施(8.1参照)
>   2) その活動の有効性の評価(9.1参照)

【求められる成果物】「対処する必要があるリスク及び機会の決定及び対処する活動の文書化」

「箇条4.1 組織及びその状況の理解」及び「箇条4.2 利害関係者のニーズ及び期待の理解」の結果を考慮に入れ、「対処する必要のあるリスク及び機会」を決定しなければならない。

1. 対処する必要のあるリスクの決定

対処する必要のあるリスクは「箇条4.1 組織及びその状況の

2.4 箇条6 計画

図表2.10 対処する必要があるリスク及び機会の決定及び対処する活動の例

文書番号	「JIS Q 22301/6.1 リスク及び機会に対処する活動	承認	審査	作成
BCMS-601-0	対処する必要があるリスク及び機会の決定及び対処する活動			

組織とその状況の理解を踏まえ、対処する必要のあるリスク及び機会に対処する活動について次のとおり計画をする。

関連する節・節	対処する必要のあるリスク及び機会	対処の是非	対処する活動	BCMSプロセスへの統合・導入	活動の有効性の評価
4.1. a)	製品「ギヤ&カム」へのリスク（影響度の大きい製品へのリスク）	対処する	防止・低減	「8.2.2 事業影響度分析」の分析対象とする。	「9.1 監視, 測定, 分析及び評価」で妥当性を確認する。
4.1. a)	製品「リンク関連」へのリスク（影響度の小さい製品へのリスク）	対処しない	－	－	－
4.1. c)	リスク選好で対応することを決定したリスク	対処する	防止・低減	「8.2.3 リスクアセスメント/リスク特定」の分析対象とする。	「9.1 監視, 測定, 分析及び評価」で妥当性を確認する。
4.2.1	利害関係者のニーズ・期待（追加または変更を含む）	対処する	意図する結果の達成	「8.2.2 事業影響度分析」の分析項目とする。	「9.1 監視, 測定, 分析及び評価」で妥当性を確認する。
4.2.2	適用される法令・規制（追加または変更を含む）	対処する	意図する結果の達成	「8.2.2 事業影響度分析」の分析項目とする。	「9.1 監視, 測定, 分析及び評価」で妥当性を確認する。

図表2.11 箇条4、箇条6、箇条8及び箇条9の関連

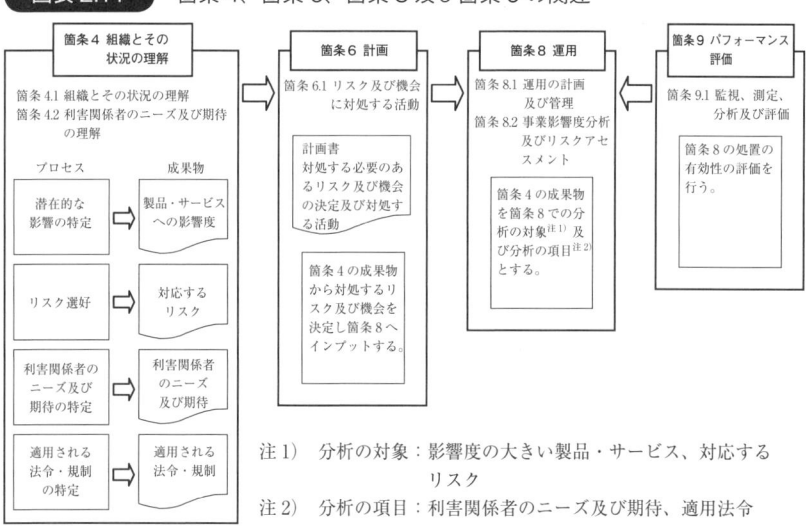

箇条4 組織とその状況の理解	箇条6 計画	箇条8 運用	箇条9 パフォーマンス評価
箇条4.1 組織とその状況の理解 箇条4.2 利害関係者のニーズ及び期待の理解	箇条6.1 リスク及び機会に対処する活動	箇条8.1 運用の計画及び管理 箇条8.2 事業影響度分析及びリスクアセスメント	箇条9.1 監視、測定、分析及び評価
プロセス → 成果物 潜在的な影響の特定 → 製品・サービスへの影響度 リスク選好 → 対応するリスク 利害関係者のニーズ及び期待の特定 → 利害関係者のニーズ及び期待 適用される法令・規制の特定 → 適用される法令・規制	計画書 対処する必要のあるリスク及び機会の決定及び対処する活動 箇条4の成果物から対処するリスク及び機会を決定し箇条8へインプットする。	箇条4の成果物を箇条8での分析の対象(注1)及び分析の項目(注2)とする。	箇条8の処置の有効性の評価を行う。

注1) 分析の対象：影響度の大きい製品・サービス、対応するリスク
注2) 分析の項目：利害関係者のニーズ及び期待、適用法令

理解」で特定された製品・サービスへの影響度から決定するとよい。すなわち、どの製品・サービスへのリスクに対処するのか決定する。

2. 対処する必要のある機会の決定

対処する必要のある機会は「箇条4.2　利害関係者のニーズ及び期待の理解」で特定された利害関係者のニーズ及び期待及び組織に適用される法令・規制の要求事項から決定するとよい。

対処する必要のあるリスク及び機会を決定したらa)及びb)について計画し文書化しなければならない。

a)では「リスク及び機会に対処する活動」を求めている。このためにはマネジメントシステムの意図する結果の達成、望まない影響の防止または低減、継続的改善の達成などがある。

b)の1)では「活動のBCMSのプロセスへの統合、実施する方法」を求めている。「箇条8.1　運用の計画及び管理」へのインプットとするとよい。b)の2)では「活動の有効性を評価する方法」を求めている。「箇条9.1　監視、測定、分析及び評価」で評価するとよい。

図表2.10で「対処する必要があるリスク及び機会の決定及び対処する活動」の例を示す。

「箇条6.1　リスク及び機会に対処する活動」は規格の箇条4、箇条8及び箇条9と関連する。図表2.11でその関連を示す。

(2)　箇条6.2　事業継続目的及びそれを達成するための計画

ISO 22301 / JIS Q 22301

トップマネジメントは、事業継続目的が設定され、組織内の関連する部門及び階層において伝達されていることを確実にしなければならない。

事業継続目的は、次の事項を満たさなければならない。

> a) 事業継続方針と整合している。
> b) 組織が目的を達成するために許容できる製品及びサービスの最低限のレベルを考慮する。
> c) (実行可能な場合)測定可能である。
> d) 適用される要求事項を考慮に入れる。
> e) 監視し、適切に更新する。
> f) 伝達する。
>
> 組織は、事業継続目的に関する文書化した情報を保持しなければならない。
>
> 組織は、事業継続目的をどのように達成するかについて計画するとき、次の事項を決定しなければならない。
> - 責任者
> - 実施事項
> - 必要な資源
> - 達成期限
> - 結果の評価方法

求められる成果物 「事業継続目的と達成計画の文書化」

事業継続目的は ISO 22301:2012 の原文では「Business Continuity Objectives」と表記されているが、その意味は言葉どおり素直に捉えたい。それは顧客への製品・サービスの提供を継続することである。

組織の事業継続目的は、事業継続方針と合致していなければならない。事業継続方針では、例えば、「人命尊重」「地域貢献」及び「利害関係者の信頼獲得」などが掲げられ、この具体的な内容は「箇条8 運用」で策定されることになる。

「箇条8 運用」では事業継続戦略、インシデント対応、事業継続計画、

事業復旧などが規定されているが、それらは組織内の状態を被災前の健全な状態に、段階を踏んで、復旧する取組みが中心となる。

しかし、製品・サービスの提供を受けている顧客の立場で考えると、組織内の活動が再開し、繋がり始めるだけでは十分とはいえない。何故ならば、組織のBCMS適用範囲外にある、物流やインターネット環境など、組織と顧客との間には、依然としてリスクが存在するからである。

規格の箇条6.2では事業の中断・阻害発生時に顧客に製品・サービスを提供し続けることが事業継続の最終的な目的であるとして、そのための条件と達成計画を策定し、組織内に伝達することを求めている。

そのため、組織は次の条件を満たした事業継続目的を策定しなければならない。

1. 事業継続方針と整合していること。
2. 許容できる製品及びサービスについて最低限のレベルを考慮していること。
3. (実行可能な場合)測定可能であること。
4. 適用される要求事項が考慮されていること。
5. 監視と更新が行われること。
6. 組織内の関係者へ伝達されること。

また、次の事項について決定する必要がある。

- 責任者
- 実施方法
- 必要な資源
- 完了納期
- 結果の評価方法

図表2.12で「事業継続目的と達成計画」の例を示す。

2.4 箇条6 計画

図表2.12　事業継続目的と達成計画の例

文書番号	「JIS Q 22301/6.2 事業継続の目的及びそれを達成するための計画」	承認	審査	作成
BCMS-602-0	事業継続目的と達成計画			

「㈱○○製作所」の事業継続目的と計画は以下のとおりである。活動(業務)に中断・阻害が発生した場合、顧客への製品の提供率は次のとおりとする。ただし、最小事業継続目標として、各製品の提供率は50%以上とする。

対象製品	出荷計画に対する出荷実績
ギヤ&カム	75%
ハウジング-1、2	50%
カラーA及びB	50%

注記　上記以外の製品については、「6.1 リスク及び機会に対応する活動」で決定したとおり、活動に中断・阻害が発生しても対応しない。

達成計画は次のとおりです。

責任者	生産管理責任者、製造部署責任者
実施方法	在庫の引き当て出荷、仕掛在庫の製品化
必要な資源	出荷計画、在庫リスト、製品在庫
完了納期	事業継続計画の完了時
結果の評価方法	出荷計画に対する出荷実績

> **Point**
>
> 「現場力」
>
> 組織は計画に従って製品・サービスを顧客に届ける努力をしなければならないが、組織の外部ではコントロールが効かないことも多いのではないだろうか。そのような状況で問われるのは現場力であり、製品・サービスの提供の拠点にある対策本部には、顧客と接点のある担当営業、生産管理などのエキスパートが必要である。

2.5 箇条7 支援

以下、JIS Q 22301の箇条7について解説していく。

(1) 箇条7.1 資源

> **ISO 22301／JIS Q 22301**
>
> 組織は、BCMSの確立、実施、維持及び継続的改善に必要な資源を決定し、提供しなければならない。

留意事項　ここで留意すべき事項は次のとおりである。

BCMSの確立、実施、維持及び継続的な改善に必要な資源を決定し、提供する。

必要な資源とは、例えば、BCMS要員、討議・作業のための時間、設備・経費投資の予算などである。具体的な項目についてはBCMS運営委員会のような組織の活動のなかで議論し、特定されるべきである。

このとき、トップマネジメントは、経営上の許される範囲で、特定された資源を提供しなければならない。

(2) 箇条7.2 力量

> **ISO 22301／JIS Q 22301**
>
> 組織は、次の事項を行わなければならない。
>   a) 組織のパフォーマンスに影響を与える業務をその管理下で行う人(又は人々)に必要な力量を決定する。
>   b) 適切な教育、教育訓練及び経験に基づいて、それらの人々が力量を備えていることを確実にする。
>   c) 該当する場合には、必ず、必要な力量を身につける処置を

> とり、とった処置の有効性を評価する。
> d) 力量の証拠として、適切な文書化した情報を保持する。
> 注記　適用される処置には、例えば、現在雇用している人々に対する教育訓練の提供、指導の実施、配置転換の実施などがあり、また、力量を備えた人々の雇用、そうした人々との契約締結などもある。

求められる成果物　「組織のパフォーマンスの確保に必要な教育・訓練・力量評価の仕組み、及び文書化」

箇条 7.1 は組織に対して次の事項を実施することを求めている。

1. 組織のパフォーマンスに必要な力量を定める。
2. 教育、訓練などにより力量をもたせる。
3. 必要な場合、さらなる教育訓練、個別指導などの処置をとり、有効性を評価する。
4. 力量の証拠を文書で残す。

次のような事項について、例えば、BCMS 教育規定を定め、力量の確保を確実にする。

- 教育対象者
- 要員の求められる力量(「箇条 7.3　認識」を含める)
- 教育訓練プログラム
- 教育前の力量評価
- 教育計画の立案
- 教育の実施と報告
- 教育の記録
- 教育後の力量評価
- 力量、技能及び資格の記録の維持

> **Point**　「力量の確保」
> 　必要な力量が確保できない場合は、力量のある人材の雇用や業務を外部委託するという選択肢もある。力量の確保は「箇条9.1.2　事業継続手順の評価」に関係している。

(3)　箇条7.3　認識

> **ISO 22301 / JIS Q 22301**
> 　組織の管理下で働く人々は、次の事項に関して認識をもたなければならない。
> 　　a)　事業継続方針
> 　　b)　BCMS、パフォーマンスの向上によって得られる便益を含む、BCMSの有効性に対する自らの貢献
> 　　c)　BCMSの要求事項に適合しないことの意味
> 　　d)　事業の中断・阻害を引き起こすインシデント発生時の自らの役割

> **留意事項**　ここで留意すべき事項は次のとおりである。

組織の管理下で働く者に対してa)～d)の事項を明確に認識することを求めている。

> **Point**　「認識を促す方法及び確認方法」
> 　認識すべき事項を「箇条7.2　力量」の"要員の求められる力量"に含める。また、認識の程度は「箇条7.2　力量」の"教育後の力量評価"で確認をするとよい。

(4) 箇条7.4 コミュニケーション

> ISO 22301／JIS Q 22301
>
> 組織は、次の事項を含め、BCMSに関連する内部及び外部のコミュニケーションを実施する必要性を決定しなければならない。
> a) コミュニケーションの内容(何を伝達するか。)
> b) コミュニケーションの実施時期
> c) コミュニケーションの対象者

> ISO 22301／JIS Q 22301
>
> 組織は、次のための手順を確立し、実施し、維持しなければならない。
> - 組織内の利害関係者及び従業員の間の内部コミュニケーション
> - 顧客、取引先、地域社会、及びメディアを含むその他の利害関係者との外部コミュニケーション
> - 利害関係者からのコミュニケーションの受け入れ、文書化及び対応
> - 全国又は地域の災害警報システム又は同等システムの計画及び運用への採用及び組入れ(それが適切な場合)
> - 事業の中断・阻害を引き起こすインシデント発生時におけるコミュニケーション手段の確保
> - 必要に応じて、関係当局との体系的なコミュニケーションの促進、及び複数の緊急対応機関と要員との相互運用性の確保
> - 平時のコミュニケーションが中断・阻害されたときに使用するコミュニケーション機能の運用及び試験の実施
>   注記　インシデントに対応するコミュニケーションについては、これら以外の要求事項が8.4.3に規定されている。

> **求められる成果物**　「内部及び外部コミュニケーションの確立と文書化」

箇条7.4では、組織に対して次の手順を確立し文書化することを求めている。

1. 組織の内部コミュニケーション

    BCMSの取組みの現状、今後の進め方などについて、方針発表会やBCMS運営会議などの場で従業者に対して説明し意見交換を行う。

2. 利害関係者などとの外部コミュニケーション

    組織のBCMSの現状などについて、利害関係者へのプレゼンテーションや意見交換会などの場で説明し情報共有を行う。

3. 利害関係者からのコミュニケーションの受領、文書化、及び対応

    組織のBCMSへの要望・改善事項などをアンケート調査などにより把握し、組織として対応する。

4. 適切な災害警報システムの採用

    東海地震など国の地震予知の取組み、地方自治体の災害警報システム、民間の災害警報機能を併せ持った安否確認システムなどを活用する。

5. インシデント発生時のコミュニケーション手段の確保、運用及び試験

    安否確認システム、衛星携帯電話、MCA無線、トランシーバ、WiMAX通信環境などを組織に導入し、定期的に試験を行い確認する。

6. 関係当局との体系的なコミュニケーションの促進

    事業継続に取組むNPO法人、公共の事業継続協議会、地域の防災訓練、及び説明会などに積極的に参加し、情報交換を行う。

> **Point**「文書化と規定」
> 箇条7.4で文書化する事項は次節「箇条7.5　文書化した情報」で策定するさまざまな規定、例えばBCMS管理運用規定で定めることができる。

(5) 箇条7.5　文書化した情報

① 箇条7.5.1　一般

> ─ ISO 22301／JIS Q 22301 ─
>
> 組織のBCMSには、次の事項を含まなければならない。
> - この規格が要求する文書化した情報
> - BCMSの有効性のために必要であると組織が決定した、文書化した情報
>   注記　BCMSのための文書化した情報の程度は、次のような理由によって、それぞれの組織で異なる場合がある。
>   - 組織の規模、並びに活動、プロセス、製品及びサービスの種類
>   - プロセス及びその相互作用の複雑さ
>   - 人々の力量

求められる成果物　「BCMSの運用に必要な規定、手順書、様式類」

箇条7.5.1ではJIS Q 22301の要求事項を文書化し組織の正式な文書及び記録とすることが求められる。要求事項以外にも組織がBCMSを運用するうえで必要であると判断したプロセスは文書化する。

図表2.13で「BCMS文書」の例を示す。

BCMS文書は組織の正式な文書・記録として管理しなければならない。例えば、次のような規定、手順書及び様式を定め、BCMSの管理・

第2章　BCMS 構築のステップと実施例

図表 2.13　BCMS 文書の例

No.	規格が要求する文書	実施例または関連する図表	関連する規格の箇条
1	組織の状況	図表 2.3	箇条 4.1　組織及びその状況の理解
2	組織への潜在的な影響	図表 2.4	
3	事業継続方針、組織の目的及び他の方針との連関	図表 2.5	
4	組織のリスク選好	図表 2.6	
5	組織の目的	図表 2.7	
6	利害関係者及び利害関係者のニーズ・期待の理解	図表 2.8	箇条 4.2　利害関係者のニーズ及び期待の理解
7	適用される法令・規制の要求事項の特定		
8	BCMS の適用範囲	図表 2.9	箇条 4.3　BCMS の適用範囲の決定
9	トップマネジメントによる事業継続方針	図表 2.9	箇条 5.3　方針
10	対処する必要のあるリスク及び機会の決定及び対処する活動	図表 2.10、図表 2.11	箇条 6.1　リスク及び機会に対処する活動
11	事業継続目的と達成計画	図表 2.12	箇条 6.2　事業継続目的及びそれを達成するための計画
12	組織のパフォーマンスの確保に必要な教育・訓練・力量評価の仕組み		箇条 7.2　力量
13	内部及び外部コミュニケーションの仕組み		箇条 7.4　コミュニケーション
14	BCMS 文書	図表 2.13、図表 2.14	箇条 7.5　文書化した情報
15	事業影響度分析	図表 2.15	箇条 8.2　事業影響度分析及びリスクアセスメント
16	リスクアセスメント	図表 2.16、図表 2.17、図表 2.18、図表 2.19、図表 2.20、図表 2.21、図表 2.22	
17	事業継続戦略	図表 2.23、図表 2.24、図表 2.25、図表 2.26、図表 2.27、図表 2.28	箇条 8.3　事業継続戦略

図表 2.13 つづき

No.	規格が要求する文書	実施例または関連する図表	関連する規格の箇条
18	インシデントに対応するための手順及び運営管理体制	図表 2.29、図表 2.30、図表 2.31、図表 2.32、図表 2.33、図表 2.34	箇条 8.4　事業継続手順の確立及び実施
19	警告及びコミュニケーションの手順の確立・導入		
20	インシデント対応計画	図表 2.35、図表 2.36	
21	事業継続計画	図表 2.37、図表 2.38、図表 2.39	
22	事業復旧計画		
23	事業継続演習計画	図表 2.40	箇条 8.5　演習及び試験の実施
24	事業継続演習報告	図表 2.41	
25	構築した BCMS のパフォーマンスと有効性の評価	図表 2.42、図表 2.43	箇条 9.1　監視、測定、分析及び評価
26	内部監査年間計画書及び個別計画書	図表 2.44、図表 2.45	箇条 9.2　内部監査
27	内部監査報告書		
28	内部監査是正依頼書		
29	内部監査是正報告書		
30	マネジメントレビュー報告書	図表 2.46	箇条 9.3　マネジメントレビュー
31	是正依頼書		箇条 10.1　不適合及び是正処置
32	是正報告書		箇条 10.1　不適合及び是正処置

運用を確実にする。

- BCMS 管理運用規定
- BCMS 構築手順書
- 事業影響度分析、リスクアセスメント、事業継続戦略、事業継続計画等の様式

第 2 章　BCMS 構築のステップと実施例

- 教育管理規定
- 文書管理規定
- 内部監査規定(他のマネジメントシステムと共通でもよい)

図表 2.14 で「BCMS 文書体系」の例を示す。

BCMS 文書の種類、体系は組織の規模や提供する製品、サービスの種類によって異なる場合がある。なお、文書の管理については「箇条 7.5.3　文書化した情報の管理」を参照されたい。

図表 2.14　BCMS 文書体系の例

```
BCMS文書体系                                    2013.11.1

        ┌──────────────┐
        │  BCMS基本方針 │  ※方針には目的、適用範囲を含める。
        └──────────────┘
           規定                手順書              様式
   ┌──────────────┐  ┌──────────────┐  ┌──────────────────┐
   │BCMS管理・運用規程│──│ BCMS構築手順書 │──│ 組織の状況とその理解  │
   └──────────────┘  └──────────────┘  ├──────────────────┤
                                       │対応の必要なリスク・機会の処置と方法│
                                       ├──────────────────┤
                                       │ 事業継続目的と達成計画 │
                                       ├──────────────────┤
                                       │  BCMS関連法令・規制  │
                                       ├──────────────────┤
                                       │   ビジネスインパクト分析  │
                                       ├──────────────────┤
                                       │   リスクアセスメント   │
                                       ├──────────────────┤
                                       │    事業継続戦略    │
                                       ├──────────────────┤
                                       │  インシデント対応体制  │
                                       ├──────────────────┤
                                       │  インシデント対応計画  │
                                       ├──────────────────┤
                                       │     事業継続計画    │
                                       ├──────────────────┤
                                       │ BCMS演習計画書・報告書│
                                       ├──────────────────┤
                                       │    災害時行動基準    │
                                       ├──────────────────┤
                                       │    緊急時の連絡     │
                                       ├──────────────────┤
                                       │    災害対応備品     │
                                       ├──────────────────┤
                                       │ マネジメントレビュー報告書 │
                                       └──────────────────┘
   ┌──────────────┐                    ┌──────────────────┐
   │   教育管理規定   │────────────────│    教育年間計画書    │
   └──────────────┘                    ├──────────────────┤
                                       │    教育受講記録     │
                                       ├──────────────────┤
                                       │   個人別教育受講記録   │
                                       └──────────────────┘
```

② 箇条 7.5.2　作成及び更新

> ISO 22301 ／ JIS Q 22301
>
> 文書化した情報を作成及び更新する際、組織は、次の事項を確実に行わなければならない。
> a)　適切な識別及び記述(例えば、タイトル、日付、作成者、参照番号)
> b)　適切な様式(例えば、言語、ソフトウェアの版、図表)及び媒体(例えば、紙、電子媒体)、並びに適切性及び妥当性に関するレビュー及び承認

　箇条 7.5.2 の留意事項は次の「箇条 7.5.3　文書化した情報の管理」とまとめて解説する。

③ 箇条 7.5.3　文書化した情報の管理

> ISO 22301 ／ JIS Q 22301
>
> BCMS 及びこの規格で要求されている文書化した情報は、次の事項を確実にするために、管理しなければならない。
> a)　文書化した情報が、必要なときに、必要なところで、入手可能かつ利用に適した状態である。
> b)　文書化した情報が十分に保護されている(例えば、機密性の喪失、不適切な使用及び完全性の喪失からの保護)。
>
> 文書化した情報の管理に当たって、該当する場合には必ず、組織は、次の活動に取り組まなければならない。
> ・配付、アクセス、検索及び使用
> ・読みやすさが保たれることを含む、保管及び保存
> ・変更の管理(例えば、版の管理)
> ・保持及び廃棄

> - （削除）
> - 判読性（例えば、はっきりと読めること）の保護
> - 廃止情報の誤使用の防止
>
>   注記　対応国際規格には"検索及び利用"が箇条に記載されているが重複するために削除した。
>
> BCMSの計画及び運用のために組織が必要と決定した外部からの文書化した情報は、必要に応じて特定し、管理しなければならない。
>
> 文書化した情報の管理を確立するに当たって、組織は、文書化した情報の適切な保護を確実にしなければならない（例　セキュリティ侵害、無断の変更又は削除の防護）。
>
>   注記　アクセスとは、文書化した情報の閲覧だけの許可に関する決定、文書化した情報の閲覧及び変更の許可及び権限に関する決定、などを意味する。

留意事項　**箇条7.5.2及び箇条7.5.3で留意すべき事項は次のとおりである。**

次のような文書の最新版管理の事項を確実にすることが求められている。

1. 文書は文書番号などによる識別ができ、所定の承認者によって承認され、承認の日付が残されること。
2. 最新版の文書が確実に参照できる状態にすること。
3. 最新版が配布された場合、旧版となる文書は最新版とは異なる場所に保管し、誤使用を避けること。
4. 旧版は組織の定める期間は保管し、期間を過ぎた文書のみ廃棄すること。

5. 廃止された文書は最新版とは異なる場所に保管し、誤使用を避けること。

> **Point**　「最新版管理の効率化」
> 　組織内で電子文書のワークフローが組めるグループウェアを活用すると効率のよい最新版管理ができる。

次の「箇条8　運用」ではリスクアセスメントについて解説をするが、その前に筆者が銀座オフィスビルの地下会議室で東日本大震災に遭遇した際に、銀座周辺で起きたことをメモに録ったので紹介する。リスクアセスメントのリスク想定に役立ついくつかの事象が含まれている。

東日本大震災（2011.3.11 発生）帰宅困難者のメモ

2011/03/11 14:46	東北地方太平洋沖地震（気象庁の地震の名称）が発生する（4/1 に政府が震災としての名称を"東日本大震災"に決定）。 M8.8（3日後に訂正→M9.0）、最大震度7 震源：三陸沖、深さ：20km（3日後に訂正→24km）、津波高さ：15〜20m（推定） 　地震発生時、筆者は東銀座の地下1Fの会議室にいたが、即、地上に逃げる。ビルの屋上の電波塔が左右に大きく揺れている。今にも地上に落ちてきそうだ。道には人が溢れ車が動けない状態であった。 　軽トラックの中でラジオを聞いている運転手に震源地と震度を教えてもらう。震源地は宮城、最大震度は7と聞いて驚く。都内は5強であったことも知る。
15:16	2回目の地震（茨城沖）で再びビルの外へ出る。会議は終了となり、新橋駅まで歩くことにする。 　バス、タクシーは動いている。バス停には行列ができている。
15:30 すぎ	新橋駅、SL広場に到着。JR、新幹線、地下鉄は動いていない。群衆がパノラマビジョンを見つめている（**写真1**）。田んぼの中を黒い津波が凄いスピードで移動する様子が映し出されていた。ビニールハウスが飲み込まれる映像が凄い。 　家電量販店のラジオが状況を伝えていた。ラジオは貴重な情報源であることを再認識した。 　携帯電話ショップに入る、店内は暖かい。運良くイスに座れ、暖をとりながらTVに見入る。携帯電話の充電をする人が殺到し、順番待ちになっていた。 　家に携帯で電話をしてみるが、発信規制されているのか通話ができない。 　メールは送信できそうなので、15:35 妻に状況をメール送信する。返信がないので、15:41 再度メールを送信する。15:48 に返信があり、「長く揺れたが問題ない」とのことで安心する。
17:00〜 18:00 頃	TVで被害の状況を伝えている。かなり大きな被害が出ているようだ。

東日本大震災（2011.3.11 発生）帰宅困難者のメモ

写真1　新橋駅前パノラマビジョン

17:00～ 18:00 頃	「18:00 で店を閉める」とのアナウンスが店内に流れる。18:00 になり店員が店内の客を外へ誘導する。帰宅の目処がつくまで居たかったが、仕方なく店を出ることにした。店を閉めても店員だって家に帰れないはずであるが。 　店外に出てしばらく歩くと、ハンバーガーショップも店を閉め、張り紙をしてある。「本日は都合により……」 　このような状況下で「組織を守ること、組織の社会的責任とは何か」をふと考えてしまった。
18:30 すぎ	帰宅難民の心配をしながら歩いていると、旅行代理店が営業を継続していた。 　店内に入り椅子に座ることができた。TV もつけられ、これで情報がとれると安心した。 　営業を継続している店はほかにもあった。家電量販店、コーヒーショップ、コンビニエンスストアなど。
19:00 頃	遅い夕食を中華料理店で食べる。電車が動いていないためかコックは一人のみで調理が遅く、30 分程待った。 　空席があるのに店内で食べずに持ち帰り弁当を頼むグループがいる。店を出て、その理由がわかった。

19:30 頃	トイレを借用するためにコンビニに入るが、棚にまったく品物がない。パン、弁当、飲み物、菓子類などすでに買い占められた後のようだ。 何かを探すように人がどんどん入ってくる(この時点で後に乾電池がなくなるとはまったく想像できなかった)。 交差点で、おばあさんに東京タワーへの道を尋ねられるがわからず教えられない。「自宅が東京タワーの近くにあるのでそれを目標に歩く」とのことであった。新橋までは東京駅から 20 分歩いて来たそうだ。側の男の人が東京タワーの方角を教えていた。 新橋駅の駅員に電車の復旧状況を確認すると、山手・京浜東北線はストップしたままだが新幹線は動き始めたようだ。東京駅にある車両のみで下り方面の運行をするとのことで少し焦りを感じた。 東京駅まで歩くことを決める。19:40 に新橋から東京駅まで徒歩で向かう。 途中の公衆電話ボックスには長蛇の列ができていた。公衆電話は使えるようだ。
20:00	歩き始めて 20 分程で東京駅に入るが、新幹線チケットは売っておらず、自動改札機も停止中であった。 乗客には乗車証明書を配っている。自分は EX-IC カードを見せると入場できた。 15 番線ホームの「こだま」を目指すが、ホーム上は人で埋まりどこが最後尾かわからない。新幹線ホームの売店はお客さんの列ができているが普段はこんなことはない。 並んだものの何号車の列か判らない。20:00 に出発する新幹線には乗れず 5 人を目前に切られてしまった。並んだ列は 3 号車であった。喫煙しない自分には辛い喫煙車両だった。 長男とメールで連絡がとれる。横浜から大和市まで電車で移動できたが、そこから中央林間まで歩くようだ。一時間位は覚悟しているとのこと。どこにいても家族の安否は気になるものである。 21:04 発の新幹線にやっと乗車することができた。しかし、朝の通勤ラッシュ並みの混雑で、品川で乗ろうとする人も乗れない。 定時より数分遅れの 22:10 に三島駅に到着する。連絡のとれた妻が迎えに来ており無事に帰宅できた。

| 写真2 | 自宅TVの映像 |

22:30すぎ	帰宅早々テレビを見るが、どのチャンネルも地震のことしか放映していない（写真2）。 　東京タワーの先端は曲がったようだ。建設中の東京スカイツリーはニュースにならないので大丈夫かもしれない。 　関東地方の400万世帯が停電のようだ。 　都営地下鉄は浅草線、三田線、大江戸線、新宿線など一部が22:00頃に運転を再開した。 　テレビで帰宅困難な人の受け入れのために開放される宿泊施設を紹介していた。「東京大学駒場、本郷」「青学」「早稲田大隈講堂」「国士舘」「日本大学」「東京工業大学すずかけ台」など、東京都など自治体の施設も開放されたようだ。
2011/03/12 9:30～13:00頃	市の公報で節電の案内がある。 　新幹線は平常どおりの運転だが、東海道線は大津波警報が解除されず運休している。 　首都高速、アクアライン、東名（静岡～富士間）と国道1号線も大津波警報のため通行止めとなっている。 　ガス供給停止46万世帯（日本ガス協会発表）。 　停電は411万世帯。 　学校や都の施設に泊まった人は2万4千人。 　原発の中央制御室の放射能は通常の1千倍。 　農林水産省がおにぎり、弁当を一日99万食準備。

第 2 章　BCMS 構築のステップと実施例

| 2011/03/12
9:30～13:00 頃 | 被災地の銀行は休日営業(9:00-15:00)を実施、身元確認で 10 万円まで払い出しをする。
福島第一原発の今回の事故は「IAEA レベル 0～7 の 4 に相当する」との報道がされる(4/12 に 7 に再評価された)。 |

東日本大震災発生直後、銀座周辺(震度 5 強)で確認できた事象は以下のとおりである。

交通	新幹線	直後停止、約 5 時間後に一部の運転を再開する。
	JR	直後停止、津波警報が解除されないために翌朝も復旧せず。
	バス	直後も運行継続していたが、バス停は長蛇の列であった。
	タクシー	直後も運行継続していた。
通信	携帯電話	通話は発信規制がかかり、使用できなかった。メールは使えたが、着信はかなり遅くなっている。
	固定電話	通常どおり使えた。
	公衆電話	緑電話は使えたが、公衆電話ボックスは長蛇の列であった。
	インターネット	通常どおりアクセスができ、震度・震源を確認できた。
ライフライン	電気	停電はしなかった。
	水	断水はしなかった。
コンビニ等の店舗	コンビニショップ	営業を継続するが、19：00 頃には棚から飲料水・食料品が消えた。
	コーヒーチェーン店	営業を継続していた。
	ハンバーガーチェーン店	18：00 で閉店した。
	携帯ショップ	18：00 で閉店した。

> **Point** このような状況下で店舗の営業を継続するのか、または店舗を閉めるのか、組織は事前に決めておくことが重要である。

復興に向けて動き始めた（写真3）。

写真3　震災1カ月後の新橋SL広場

2.6 箇条8 運用

以下 JIS Q 22301 の箇条8について解説していく。

(1) 箇条8.1 運用の計画及び管理

> ISO 22301 / JIS Q 22301
>
> 組織は、次に示す事項の実施によって、要求事項を満たすため、及び6.1で決定した事項を実施するために必要なプロセスを計画し、実施し、管理しなければならない。
>   a) プロセスに関する基準の設定
>   b) その基準に従った、プロセスの管理の実施
>   c) プロセスが計画どおりに実行されたことの確信をもつために必要な程度の、文書化した情報の保持
>
> 組織は、計画した変更を管理し、意図しない変更によって生じた結果をレビューし、必要に応じて、有害な影響を軽減する処置をとらなければならない。
>
> 組織は、外部委託したプロセスが管理されることを確実にしなければならない。

留意事項　ここで留意すべき事項は次のとおりである。

箇条8.1では要求事項を満たすために必要なプロセスを計画・管理すること、また「箇条6.1　リスク及び機会に対応するための処置」で決めた処置を実施することを求めている。

ここで、プロセスとは"仕組み"と考えてよい。必要なプロセスとは、例えば次のようなものがある。

- 事業影響度分析及びリスクアセスメント

- 事業継続戦略(事業継続計画を含む)
- 演習及び試験

(2) 箇条8.2　事業影響度分析及びリスクアセスメント
① 箇条8.2.1　一般

> ISO 22301 ／ JIS Q 22301
>
> 組織は、事業影響度分析及びリスクアセスメントのために、次の内容を含む正式に文書化したプロセスを確立し、実施し、維持しなければならない。
>
> a) アセスメントの状況を設定し、基準を定め、事業の中断・阻害を引き起こすインシデントの潜在的な影響を評価する。
> b) 法的な、及び組織が同意するその他の要求事項を考慮する。
> c) 体系的な分析、リスク対応の優先順位付け、及びそれらに係るコストを含める。
> d) 事業影響度分析及びリスクアセスメントから必要とされるアウトプットを定義する。
> e) a)～d)の情報を常に最新に保ち、機密扱いにするための要求事項を規定する。
>
> 　　注記　事業影響度分析及びリスクアセスメントを実施する順序を決める様々な手法がある。

【求められる成果物】「事業影響度分析及びリスクアセスメントのプロセスの確立と文書化」

組織の正式の事業影響度分析及びリスクアセスメントのプロセスを確立し、文書化する。

文書化では事業影響度分析及びリスクアセスメントの手順書、及びそれらに関連する様式を定める必要がある。

第 2 章　BCMS 構築のステップと実施例

情報の鮮度管理（最新に保つこと）の仕組み及び機密情報として取り扱う仕組みを定めることも必要である。

② 箇条 8.2.2　事業影響度分析

> ISO 22301 / JIS Q 22301
>
> 組織は、事業継続及び復旧の優先順位付け、目的及び達成目標を設定するために、正式の文書化した評価プロセスを確立し、実施し、及び維持しなければならない。このプロセスには、組織の製品・サービスを支える活動が中断・阻害された場合の影響の評価が含まれていなければならない。
>
> 事業影響度分析には、次を含めなければならない。
>
> a) 製品及びサービスの提供を支援する事業活動を特定する。
>
> b) これらの事業活動を実施しないことによる経時的な影響を評価する。
>
> c) これらの事業活動が再開しないことによる影響が許容できなくなるまでの時間を考慮し、明示した最低限の許容できるレベルでこれらの事業活動を再開するために優先順位付けされた時間枠を設定する。
>
> d) サプライヤ、外部委託先、その他該当する利害関係者を含め、それらの活動の依存関係及びそれらの事業活動を支える資源を特定する。

留意事項　ここで留意すべき事項は次のとおりである。

事業影響度分析（BIA[*3]）の文書化では次の a) から d) の取組みを含め

---

*3　BIA とは Business Impact Analysis の略称である。

a)では製品・サービスの提供を支援する事業活動を特定することが求められる。既存のマネジメントシステム(QMS、ISMSなど)で作成された業務フローがあればそれらを参照し事業活動を特定する(**図表5.2、p.176参照**)。業務フローがない場合には業務フローを作成することを薦める。その理由は事業活動の特定で関係者の合意形成が容易となり、特定の漏れを防ぐことができるからである。事業活動が特定できたら、事業活動を支える経営資源とその要件、及び最低必要量を明確にする。明確化では「箇条8.3.2 資源に関する要求事項の設定」で示される分類を用い整理するとよい。

> **Point** 「事業影響度分析の対象とする製品・サービス」
> 事業影響度分析の対象とする製品・サービスは「箇条6.1 リスク及び機会に対応するための処置」で決定される。

> **Point** 「リスクアセスメントへのインプット」
> この段階で活動を支える経営資源とその要件、及び最低必要量を明確化するのは、特定された活動とともにリスクアセスメントへのインプットとするためである。

b)では製品・サービスの提供を支援する事業活動が中断した場合の経時での影響を評価することが求められる。

事業が中断した場合の影響度の分析は事業活動ごとに、例えば「信用」「品質」「財務」「法規制」「環境」「安全」などの側面で行うとよい。それぞれの側面で影響が大きく現れる日数または時間を評価する。影響度分析の結果は次の最大許容停止時間の設定で参照される。

c)では最大許容停止時間(MTPD[*4])、目標復旧時間(RTO[*5])、及び

目標復旧レベル(RLO[*6])を設定することが求められる。

1. 最大許容停止時間の設定

    b)の影響度分析の結果、最も早く大きい影響が出る日数または時間を活動の最大許容停止時間として設定する。

2. 目標復旧時間及び目標復旧レベルの設定

    目標復旧時間は最大許容停止時間より短く設定する。このときに目標とする復旧のレベルを目標復旧レベルとする。ただし、最大許容停止時間が短い場合には同じ日数または時間に設定することもある。

> **Point** 「目標復旧時間と復旧優先順位」
>
> 目標復旧時間が5日、7日など日単位の設定となるケースでは、いくつかの事業活動の目標復旧時間が同じとなり、復旧の順位が不明確となる。このような場合には目標復旧時間とは別に復旧優先順位を設定するとよい。この際、継続及び復旧に必要な資源が確保できるのであれば、同じ復旧優先順位を設定してもよい。

d)では事業活動の依存関係とこれらの支える資源を特定することが求められる。主要な製品・サービスを支える事業活動が社内外でどのような繋がりをもっているか、どんな経営資源に依存しているのか特定する。

例えば、社外のサプライヤー・外部委託先及びそれらが提供する経営資源、社内の業務連携組織及びそれらが提供する経営資源を特定する。

---

*4 MTPDとは、Maximum Tolerable Period of Disruption の略称である。
*5 RTOとは、Recovery Time Objective の略称である。
*6 RLOとは、Recovery Level Objective の略称である。

2.6 箇条8 運用

図表2.15で「事業影響度分析」の例を示す。

図表2.15　事業影響度分析の例

主要な製品・サービス	主要な製品・サービスを支える重要な活動	内外の依存関係(部品・素材のサプライヤー及び外部委託先も対象)	重要な活動を支える経営資源					影響度分析	最大許容停止時間	目標復旧時間	目標復旧レベル(製品・サービスの提供率)	復旧優先順位
			人・技術	設備・機器	システム・情報・データ	サイト	ライフライン(電気・水・ガス)	資金					
		a)			a)				b)		c)		
ギヤ	材料手配	『鋼板ベルト』美鈴㈱ 青梅市	生産管理課3名 PC操作	Eメール(月次発注)クレーン(荷降用)	発注データ(PC内)idとパスワード	第二工場 発注場所 3m*5m 受入場所 7m*5m	電力量 20KWH	向こう一ヶ月は信用で手配が可能	7日で影響が大きく出る	7日間	5日間	80%	2
	BL加工	なし	オペレータ1名 メンテ担当1名(週1回)	プレス機(MVP500)レベラーアンコイラークレーン金型部品	チェックシート工程表作業標準加工実績書メンテ履歴　メンテ標準	第二工場 77㎡ 作業面積 7m×11m	電力量 400V:120kw 圧縮エアー 3㎥/Hr	不要	5日で影響が大きく出る	5日間	4日間	100%	1
	TRF加工(2直)	なし	オペレータ5名/2直 メンテ担当2名(週1回)	プレス機(TPW150)トランスファー金型部品	チェック表工程表作業標準加工実績書メンテ標準	第二工場 400㎡ 作業面積 20m×20m	電力量 200V:48kw 圧縮エアー 3㎥/Hr	不要	5日で影響が大きく出る	5日間	4日間	100%	1
	熱処理(100%外注)	深川熱処理 昭和町	生産管理課1名 受入　1名	PC 専用ソフト(発注用)FAX フォークリフト	注文書 納品書	第二工場 発注場所 3m*5m 受入場所 7m*5m	電力量 10KWH	向こう一ヶ月は信用で手配が可能	7日で影響が大きく出る	7日間	5日間	100%	2

③　箇条8.2.3　リスクアセスメント

ISO 22301 / JIS Q 22301

　組織は、組織に事業の中断・阻害を引き起こすインシデントのリスクを体系的に特定し、分析し、評価するために正式に文書化したリスクアセスメントプロセスを確立し、実施し、維持しなければならない。

　　注記　このプロセスはJIS Q 31000に準拠して実施できる。
　組織は、次を実施しなければならない。
　　a)　組織の優先事業活動、並びにそれらを支えるプロセス、システム、情報、人、資産、外部委託先、及びその他の資源に

> 対する事業の中断・阻害のリスクを特定する。
> b) リスクを体系的に分析する。
> c) 対応を必要とする、事業の中断・阻害を引き起こすリスクを評価する。
> d) 事業継続目的に合致し、組織のリスク選好に応じた対応策を特定する。
> 　　注記　組織は、金融又は行政上の特定の義務として、これらのリスクを様々な詳細度で開示する必要があることを認識しなければならない。加えて、特定の社会的なニーズから、この情報を適切な詳細度で開示することが求められることがある。

留意事項　ここで留意すべき事項は次のとおりである。

箇条8.2.3の注記にはリスクアセスメントは「JIS Q 31000に準拠して実施できる」としている。したがって本書では『JIS Q 31000：2010 リスクマネジメント－原則及び指針』(日本規格協会)の手順に従って解説をする。

JIS Q 31000ではリスクアセスメント(特定・分析・評価)の様式を提供していないので、要件を満たしつつ組織が様式を設計しなければならない。リスクアセスメントの文書化では次のa)からd)の取組みを含めなければならない。

a) 組織の優先事業活動及びそれらを支える経営資源に対するリスクを特定する。

2.6 箇条8 運用

> ISO 31000／JIS Q 31000
>
> 箇条 5.4.2 リスク特定
> …(前略)…リスク源、影響を受ける領域、事象(周辺状況の変化を含む。)、並びにこれらの原因及び起こり得る結果を特定することが望ましい。…(後略)…

リスク特定では組織の所在地ごとに、定性的な分析をする。**図表2.16** で「リスク特定」の例を示す。

図表2.16 リスク特定

リスク源	影響を受ける領域	事象(周辺状況の変化を含む)	原因及び起こりえる結果
活断層地震	県中央部を中心とする地域で組織の所在地も含まれる。	震度6強の揺れ、地割れ、地盤沈下、液状化現象。	地震活動による建物・設備被害、電気・上下水道・ガス・通信などの公共インフラの遮断及び人的被害。
集中豪雨	□□川流域で組織の所在地も含まれる。	河川の水位上昇とはん濫。	はん濫による周辺道路の水没、交通機関のマヒ、自組織の建物・設備への浸水、及び人的被害。
大規模火災	県中央部を中心とする地域で組織の所在地も含まれる。	ビル、木造家屋、危険物貯蔵施設、ケーブル等への延焼。	消化活動の遅れによる自組織の建物や電気・通信等の社会インフラの消失、及び人的被害。

Point「リスク特定の狙い」

リスク特定の狙いは、「4.1 組織とその状況の理解 c)組織のリスク選好」で選好したリスクの影響の範囲・内容・程度等を具体的に表すことであり、一つに絞ることではない。

この段階で特定されなかったリスクはリスク分析の対象から外れてしまうので、慎重な検討が必要であり、トップマネジメントと共通の認識をもたねばならない。

BS 25999-2(4.1.2.2 項)でリスク源のことを脅威と表現しているが、リスクアセスメントのなかで脅威が中断、阻害をもたらした場合の組織への影響を理解することを求めている。

b) リスクを体系的に分析する。

ISO 31000 / JIS Q 31000

箇条 5.4.3　リスク分析
…(前略)…リスクの原因及びリスク源、リスクの好ましい結果及び好ましくない結果、並びにこれらの結果が発生することがある起こりやすさに関する考慮が含まれる。結果及び起こりやすさに影響を与える要素を特定することが望ましい。…(中略)…分析は、周辺状況によって、定性的、半定量的、定量的、又はそれらを組み合わせた形で行うことができる。…(後略)…

リスク分析は定性的分析と定量的分析を組み合わせた例を紹介する。

図表 2.17 で「リスク分析の例で用いる用語の定義」を示す。(　)内は表現の方法である。

図表 2.17　リスク分析の例で用いる用語の定義

影響度	経営資源への影響の大きさ(数値)
脅威度	リスク源の発生可能性(数値)
ぜい弱度	保護の程度(数値)及び弱いところ(テキスト)
想定されるリスク	起こりそうなこと(テキスト)
リスクレベル	リスクの大きさ(数値)

リスク分析では組織の優先活動を支える経営資源をリストアップし、経営資源ごとに、影響度、脅威度、ぜい弱度、想定されるリスク及びリスクレベルを分析する。

影響度、脅威度、ぜい弱度及びリスクレベルは数値で表現し(定量的な分析)、ぜい弱度は数値とテキストの両方で表現する。想定されるリスクはテキストで具体的に表現し(定性的な分析)、状況を認識する。

ぜい弱度及び想定されるリスクのテキストの内容によって「箇条8.3.3　保護及び軽減」の事前対策の内容が決定されるので、慎重な分析が必要である。

図表2.18で「リスク分析」の例について示す。

図表2.18　リスク分析の例

《定性的及び定量的な分析を組み合わせた例》

リスクレベルは影響度、脅威度、ぜい弱度から計算する。

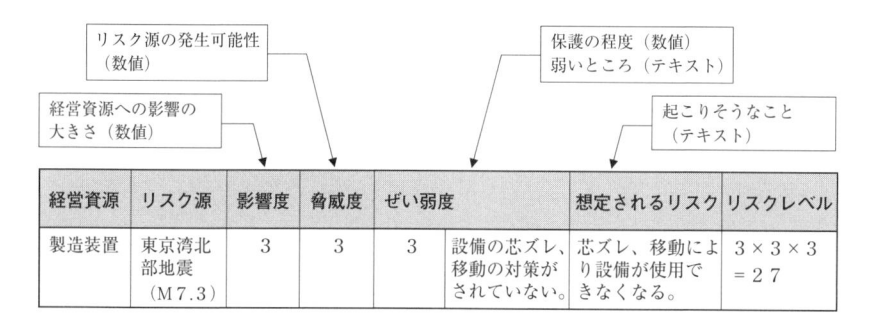

- 経営資源への影響の大きさ（数値）
- リスク源の発生可能性（数値）
- 保護の程度（数値）／弱いところ（テキスト）
- 起こりそうなこと（テキスト）

経営資源	リスク源	影響度	脅威度	ぜい弱度		想定されるリスク	リスクレベル
製造装置	東京湾北部地震（M7.3）	3	3	3	設備の芯ズレ、移動の対策がされていない。	芯ズレ、移動により設備が使用できなくなる。	3×3×3＝27

リスクレベルを数値で表す場合(定量的な分析)、次のような方法がある。

経営資源ごとにリスク源を想定し、それらリスク源に対して影響度、脅威度、ぜい弱度を、あらかじめ定めた基準によって数値化する。

- 影響度であれば、影響の大きさ(大、中、小)によって3、2または1の数値を付与する。

第2章 BCMS構築のステップと実施例

- 脅威度であれば、発生可能性(高、中、低)によって3、2または1の数値を付与する。
- ぜい弱度であれば、保護の程度(保護策がない、ある程度保護、ほぼ万全の保護)によって3、2または1の数値を付与する。

図表2.19で「数値化の基準」の例を示す。

図表2.19 数値化の基準の例

影響度	被害の大きさ
3	大
2	中
1	小

脅威度	発生可能性
3	高
2	中
1	低

ぜい弱度	保護の程度
3	保護策がない
2	ある程度保護
1	ほぼ万全の保護

影響度、脅威度、ぜい弱度を数値化すると、リスクレベルはあらかじめ定めた計算式で計算する事ができる。

影響度＝3、脅威度＝3、ぜい弱度＝3とした場合のリスクレベルは次のようになる。

1. 計算式が 影響度×脅威度×ぜい弱度＝リスクレベル であれば、「$3 \times 3 \times 3 = 27$」となる。
2. 計算式が 影響度＋脅威度＋ぜい弱度＝リスクレベル であれば、「$3 + 3 + 3 = 9$」となる。

c) リスクを評価する。

ISO 31000 / JIS Q 31000

箇条5.4.4 リスク評価
…(前略)…組織の状況を考慮して確定されたリスク基準と、リスク分析プロセスで発見されたリスクレベルとの比較が含まれる。この比較に基づいて、対応の必要性について考慮することができる。…(後略)…

2.6 箇条8 運用

リスク評価とは各経営資源のリスクレベルとリスク許容可能レベルを比較し、リスク許容可能レベルを超える経営資源を明確にすることである。

図表2.20で「リスク評価」の例について示す。

図表2.20 リスク評価の例

リスク許容可能レベル＝12とした場合

リスク特定・リスク分析	リスク評価
経営資源-A……27	＞ 12 ×
経営資源-B……12	＝ 12 ○
経営資源-C…… 9	＜ 12 ○

×：リスク許容可能レベルを超えている。
○：リスク許容可能レベル以下である。

> **Point**「リスク許容可能レベルの決定」
> リスク許容可能レベルの決定は経営陣の役割であり、責任である（「箇条5.2 経営者のコミットメント」を参照）。

d) 組織のリスク選好に応じた対応策を特定する。

ISO 31000／JIS Q 31000

箇条5.5 リスク対応／箇条5.5.1 一般
　リスク対応には、リスクを修正するために一つ以上の選択肢を選び出すこと及びそれらの選択肢を実践することが含まれる。…(後略)…

リスク評価の結果、リスク許容可能レベルを超える経営資源に対しては、原則としてリスク対応することを決定するが、対応の決定では組織のリスク選好と離齬がないことが重要であり、対応しないリスク（許容するリスク）もある。

図表2.21で「リスク対応」の例について示す。

第 2 章 BCMS 構築のステップと実施例

図表 2.21 リスク対応の例

リスク許容可能レベル＝12とした場合

リスク特定・リスク分析	リスク評価
経営資源-A……27	＞ 12 ×
経営資源-B……12	＝ 12 ○
経営資源-C…… 9	＜ 12 ○

＋ リスク対応

リスク許容可能レベルを越える場合は対応。

> **Point**　「対応策の実装」
> 　　対応策の実装は「箇条 8.3.3　保護及び軽減」で検討する。

　リスクアセスメントの結果、リスクレベルがリスク許容可能レベルを超えない場合にはそのリスクを許容する。

　リスクレベルがリスク許容可能レベルを超える場合でも「コスト、技術的に低減する事が困難な場合」または「費用対効果に有効性が認められない場合」は、そのリスクを「許容する」ことがあるが、その場合は理由を明確にしなければならない。

　この場合の許容するリスクは事業継続計画を策定する際の"制限事項"となる場合があるので注意が必要である。例えば、停電、断水のリスクを許容しなければならないときは、電気、水が供給されないことを前提とした事業継続計画を策定しなければならない。

　停電、断水以外に"制限事項"に該当するリスクの例としては、通信遮断、交通遮断等があるが、組織の努力ではリスクを低減することが困難なものである。

> **Point**　「リスク許容可能レベルを超えるリスクの許容」
> 　　1. コスト、技術的に対応が困難なリスク
> 　　2. 費用対効果が見込めないリスク

2.6 箇条8 運用

図表2.22 JIS Q 31000のリスクアセスメント関連の用語の定義

用語	定義
リスク risk	目的に対する不確かさの影響。 　注記1　影響とは期待されていることから、好ましい方向及び／又は好ましくない方向に乖離することをいう。 　注記3　リスクは、起こり得る事象と結果又はこれらの組合せについて述べることによってその特徴を記述されることが多い。
リスクの特定 risk identification	リスクを発見、認識及び記述するプロセスで、リスク源、事象、それらの原因及び起こり得る結果の特定を含む。
リスク源 risk source	それ自体又はほかとの組合せによって、リスクを生じさせる力を本来潜在的にもっている要素。
事象 event	ある一連の周辺状況の出現又は変化。
結果 consequence	目的に影響を与える事象の結末。
リスク分析 risk analysis	リスクの特質を理解し、リスクレベルを決定するプロセス。
リスク基準 risk criteria	リスクの重大性を評価するための目安とする条件。
リスクレベル level of risk	結果とその起こりやすさとの組合せとして表される、リスク又は組み合わさったリスクの大きさ
リスク評価 risk evaluation	リスク及び／又はその大きさが、受容可能か又は許容可能かを決定するために、リスク分析の結果をリスク基準と比較するプロセス。 　注記　リスク評価は、リスク対応に関する意思決定を手助けする。
リスク対応 risk treatment	リスクを修正するプロセス。
管理策 control	リスクを修正する対策。
残留リスク residual risk	リスク対応後に残るリスク。

出典）『JIS Q 31000：2010　リスクマネジメント－原則及び指針』より筆者作成

第 2 章　BCMS 構築のステップと実施例

> **Point**　「交通遮断」
> 災害時に警察によって交通規制が行われることがある。例えば「東京湾北部地震（M7.3）」が発生した場合、警視庁は交通規制をかけ、多摩川、国道 246 号線および環状 7 号線を結ぶ内側の区域は全面車両通行禁止とすることを計画し、HP で公表している。

図表 2.22 で「JIS Q 31000 のリスクアセスメント関連の用語の定義」について示す。

(3)　箇条8.3　事業継続戦略
①　箇条 8.3.1　決定及び選択

ISO 22301／JIS Q 22301

戦略の決定及び選択は、事業影響度分析及びリスクアセスメントからのアウトプットに基づかなければならない。

組織は、次のための適切な事業継続戦略を決定しなければならない。

a)　優先活動を保護する。
b)　優先活動、及びそれらの依存関係、並びに支援する資源を安定させ、継続し、再開し、復旧する。
c)　影響を軽減し、対応し、対処する。

戦略の決定には、活動再開のための優先順位を定めた時間が承認されていなければならない。

組織は、サプライヤの事業継続の能力の評価を実施しなければならない。

> **「事業影響度分析及びリスクアセスメントからのアウトプットに基づく事業継続戦略の決定と文書化」**
> （求められる成果物）

事業影響度分析及びリスクアセスメントからのアウトプットにもとづいて、対応を必要とするリスクに対しては対応の方向性、すなわち事業継続戦略を決定する。事業継続戦略は箇条 8.3.1 の a)〜c)から選択し決定する。

また、戦略の決定では目標復旧時間の承認、及びサプライヤの事業継続能力の評価も含めることが求められる。

文書化にあたっては、「箇条 8.3.2　資源に関する要求事項の設定」及び「箇条 8.3.3　保護及び軽減」の要求事項を含めて事業継続戦略書としてまとめるのがよい。

② 箇条 8.3.2　資源に関する要求事項の設定

ISO 22301 / JIS Q 22301

組織は、選択した戦略を実施するための資源に関する要求事項を決定しなければならない。考慮される資源の種類には次のものが含まれるが、これらだけに限らない。

a) 人
b) 情報及びデータ
c) 建物、作業環境及び関連ユーティリティ
d) 施設、設備及び消耗品
e) 情報通信技術(ICT)システム
f) 交通機関
g) 資金
h) 取引先及びサプライヤ

第 2 章　BCMS 構築のステップと実施例

> **留意事項**　ここで留意すべき事項は次のとおりである。

　リスクアセスメントの結果により対応を必要とするリスクに対しては、「箇条 8.3.1　決定及び選択」で事業継続戦略（対応の方向性）を決定し、次の「箇条 8.3.3　保護及び軽減」以降で具体的な対応の計画を策定することになる。そのためには組織の事業活動を支える経営資源とその要件、最低必要量、及び代替案などを明確にする必要がある。箇条 8.3.2 では a）～ h）などの分類を用いそれらを明確化することを求めている。ただし、分類は本項に示したものに限らず、組織に合ったものを適用すればよい。

> **Point**　「経営資源とその要件の明確化」
> 　本書では経営資源とその要件を「箇条 8.2.2　事業影響度分析」で明確にし、「箇条 8.2.3　リスクアセスメント」へのインプットとしているが、その狙いは組織の事業活動を支える経営資源をリスクアセスメントの対象にすることで、より適確な分析を行うことである。

③　箇条 8.3.3　保護及び軽減

───── ISO 22301 ／ JIS Q 22301 ─────

　対応が必要であると特定されたリスクに対して、組織は次のような事前対策を考慮しなければならない。
　a）　業務の中断・阻害の発生の起こりやすさを低減する。
　b）　業務の中断・阻害の時間を短縮する。
　c）　業務の中断・阻害が組織の重要な製品及びサービスに及ぼす影響を抑制する。
　組織は、自らのリスク選好に応じて、適切なリスク対応策を選択

2.6 箇条8 運用

し、実施しなければならない。

留意事項 ここで留意すべき事項は次のとおりである。

事業継続戦略の文書化では、組織の優先事業活動を保護、及び影響を軽減する場合、事前対策(低減・短縮・抑制)を決定することを含めなければならない。**図表2.23**で「事前対策」の例について示す。

図表2.23 事前対策の例

分類	事前対策の内容	例
低減	中断の発生確率を低減する。	建物の耐震化、設備固定
短縮	中断の時間を短縮する。	二重化投資、代替要員育成
抑制	中断の影響を抑制する。	複数購買、製品・仕掛品の在庫

事前対策の検討では、MTPDに対して「十分な事前対策がある場合」と「十分な事前対策がない場合」とで対応の内容が異なる。

■十分な事前対策がある場合

事前対策をリスク対応計画として策定し実施することにより、リスクをリスク許容可能レベル以下に下げることができる。経営資源はその機能を維持し、活動のMTPDを守ることができる。

リスク対応計画は、実施項目、背景・目的、計画内容(設備投資・経費投資など)、実施責任区、実施担当者、開始予定日、完了予定日などを明確にし確実に実施する。

Point 「リスク対応計画」

JIS Q 31000では「箇条5.5.3 リスク対応計画の準備及び実践」でリスク対応計画について解説している。

第2章 BCMS構築のステップと実施例

リスク対応計画の開始予定日、完了予定日が予算の関係で年度内に納まらない場合には、中期の計画を立てる場合もある。例えば建屋の耐震補強工事で大きな費用が必要な場合には、2～3年で完了するような計画を立てることもある。

図表2.24で「リスク対応計画」の例を示す。

図表2.24　リスク対応計画の例

承認	審査	作成

リスク対応計画

※リスクアセスメントの結果、事業継続戦略で必要となる設備投資または経費投資は本リスク対応計画により進捗管理を行う。

計画No	実施事項	〈計画立案のトリガー〉背景・目的	リスク対応の内容	設備・経費投資額	実施責任区	実施担当者	完了予定日
1	材料受け入れ吊り具の製作	〈BCMリスクアセスメント〉クレーンが壊れて使用できない場合に代替の道具として吊り具を用意しておく必要がある。	ギヤはフォークリフトがクレーンの代替として使える。	社内試作費用30万円	生産管理	内村	H24.9.30
2	材料手配、受注・出荷業務における通信環境確保	〈BCMリスクアセスメント〉現状のまま地震が発生すれば、通信環境は破壊され、材料手配業務が中断してしまう。	対応案としては①無線化②配線整備③ノートPC＋WiMAX（社外への直接アクセス）	工事費用25万円	総務課		
3	生産管理業務、出荷検査業務及び製品評価のサイトの地震対策	〈BCMリスクアセスメント〉耐震診断の報告書で「中央」に相当するサイトであり、耐震性は危険である。	安全なサイトを見つけ早期に移動する。もしくは建物の耐震補強工事を行う。	設備投資額見積り依頼中	総務課		
4	非常用発電機の設置	〈BCMリスクアセスメント〉発災後翌日には検査、出荷業務を再開しなければならない、電気の復旧には最大2日を要する見込みであり、その間のつなぎとして非常用発電機が必要となる。	本社、生産管理、検査の測定器、照明、PC用として7-9Hrの電源を確保。【本社工場】20KVA×1台、5KVA×1台【第二工場】20KVA×1台、5KVA×4台	設備投資額見積り依頼中	設備課		
5	熱処理の委託先確保	〈BCMリスクアセスメント〉委託先は同じ地域のなかにあり、自社が被災するときには、委託先も被災するので、県外の委託先を確保しておく必要がある。	熱処理の委託先を探し、品質確認と納入先承認を得ておく。	調査・試作費用見積り中	品質管理課		

■十分な事前対策がない場合

この場合にはリスクがリスク許容可能レベル以下にならないため、発災時に経営資源はその機能を維持できず、活動のMTPDを守ることができない。したがって事業継続計画を策定し中断に備えることになる。

しかし、さまざまな理由により事業継続計画も策定できない場合は、MTPDの見直し、または事業を終了する検討をしなければならない。

図表2.25で「リスク特定・リスク分析から事業継続戦略までの流れ」を示す。

2.6 箇条8 運用

図表 2.25 リスク特定・リスク分析から事業継続戦略までの流れ

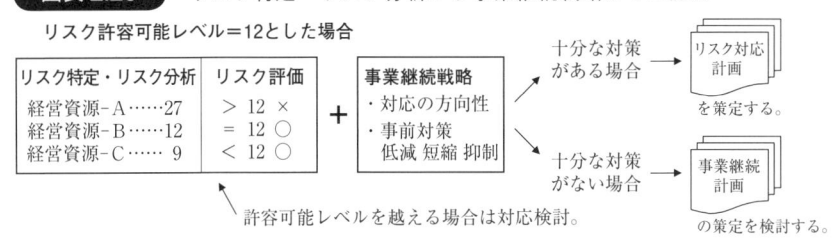

リスク許容可能レベル＝12とした場合

リスク特定・リスク分析	リスク評価
経営資源-A……27	＞ 12 ×
経営資源-B……12	＝ 12 ○
経営資源-C…… 9	＜ 12 ○

＋

事業継続戦略
・対応の方向性
・事前対策
　低減 短縮 抑制

十分な対策がある場合 → リスク対応計画 を策定する。

十分な対策がない場合 → 事業継続計画 の策定を検討する。

許容可能レベルを越える場合は対応検討。

> **Point**　「リスク対応と事業継続計画」
> すべてのリスクに対して事業継続計画を策定するわけではない。事業継続計画は「箇条 8.4.4　事業継続計画」で解説する。

■事業継続戦略として実施すべき事項

箇条8.3.3では事業継続戦略として経営資源の想定されるリスクに対して事前対策を検討し、実施することを求めているが、次のような事項についても事前対策を検討し、準備しておくことが有効である。

1. 事業継続の拠点

    経営資源の要件整理の結果を踏まえ、例えば次のような事業継続の拠点の候補を決めておく。

    - これまでの事業の拠点
    - 被災地から比較的離れた組織の別拠点
    - 被災地から比較的離れた同業者（委託先の候補）

2. 対策本部の設置場所

    対策本部は組織の社屋内に設置できるのが望ましいが、地震の場合には余震でさらなる被害を被ることもあり専門家による安全確認が必要である。安全確認には日単位の時間が必要であり、当初は社屋が使えないことを想定し、例えば次のように屋外に一つ

以上の設置場所の候補を決めておく。

- 第一候補として「社屋前の緑地帯」
- 第二候補として「社屋に隣接の駐車場」

第一候補の「社屋前緑地帯」が使えない場合は、第二候補の「社屋に隣接の駐車場」を対策本部の設置場所とする。

3. 災害時行動基準及び連絡先

図表 2.26 で「災害時行動基準及び連絡先」の例を示す。B8 程度の小型印刷物で常時携帯するとよい。

図表 2.26 災害時行動基準及び連絡先の例

災害時行動基準	
本人の状況	対応内容
出勤途中	出社可能であれば出社し、災害対策活動に従事。ただし家族状況、交通事情、通勤ルート上の安全確認をすること。
在社時	速やかに一次避難、二次避難を行う。役割・責任をもつ者は計画に従い行動する。
出張・外出時	交通事情、通勤ルート上の安全確認をし、帰宅・自宅待機し会社に現状を報告する。ただし、帰宅困難な場合には会社に報告し、指示に従う。
帰宅途中	帰宅し、自宅待機する。会社に現状を報告する。
在宅	自宅待機し、会社に現状を報告する。災害時の対応で役割・責任をもつ者は出社し計画に従い行動する。ただし家族状況、交通事情、通勤ルート上の安全確認をすること。
本行動基準は、以下のような被害が発生するような災害（例えば震度 6 以上の地震）に適用する。 ★建物の全壊・一部損壊　★電話の発着信規制 ★公共交通機関の停止　★電気・水道・ガスの停止	

災害時連絡先	
氏名	
自宅住所	
電話番号（自宅）	
電話番号（携帯）	
血液型	
家族携帯①	
家族携帯②	
家族携帯③	
待ち合わせ場所	
会社連絡先	
会社電話番号	
緊急連絡先①	
緊急連絡先②	
安否確認用 id	
安否確認用パスワードヒント	

発行：㈱○○○○　総務室　H24.5.13

4. 緊急時の連絡方法

緊急時の連絡方法は「箇条 7.4　コミュニケーション」と関連がある。ソフト、ハード及び運用を組み合わせて有効な仕組みを

確立するとよい。
- ソフト面の対応

  安否確認システム、携帯メール、SNS等によるコミュニケーションの仕組みを確立する。
- ハード面の対応

  衛星携帯電話、MCA無線、トランシーバ、WiMAX通信環境等に非常用発電機を加えた連絡手段を整備する。
- 運用面の工夫

  本人と家族、または組織との連絡は双方向で行う。

  家族内の待合せ場所、または組織の集合場所を事前に決めておく。

5. 災害対応備品

災害対応備品は一覧表を作成し定期的な棚卸しをすることが必要であり、一覧表の内容は年1回以上見直しを行うのが望ましい。

図表2.27で「災害対応備品一覧表」の例を示す。

図表 2.27　災害対応備品一覧表の例

No	備品名	必要量（数）	保管場所	棚卸結果
1	テント（本部用）	2張り	物置①	2張り
2	ホワイトボード	2台	物置①	2台
3	飲料水	100人分×3日 900L （3L／人・日）	物置②	1,500L
4	非常食料	100人分×3日	物置②	300食
5	食器（紙、プラ）	100人分	物置②	100人分
6	………	………	………	………
⋮	………	………	………	………

第 2 章　BCMS 構築のステップと実施例

> **Point**　「事業継続戦略の位置付け」
>
> 　事業継続戦略とは事業継続に必要なパーツを事前に準備することである。
> 　図表 2.28 で「事業継続戦略の位置付け」について示す。

図表 2.28　事業継続戦略の位置付け

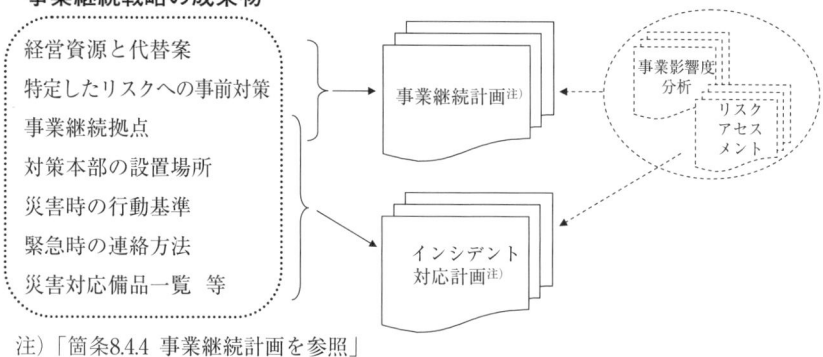

事業継続戦略の成果物
- 経営資源と代替案
- 特定したリスクへの事前対策
- 事業継続拠点
- 対策本部の設置場所
- 災害時の行動基準
- 緊急時の連絡方法
- 災害対応備品一覧　等

→ 事業継続計画[注]　← 事業影響度分析／リスクアセスメント

→ インシデント対応計画[注]

注)「箇条8.4.4 事業継続計画を参照」

（4）　箇条8.4　事業継続手順の確立及び実施

①　箇条 8.4.1　一般

―― ISO 22301 ／ JIS Q 22301 ――

　組織は、事業影響度分析で設定された復旧の目標に基づいて事業の中断・阻害を引き起こすインシデントに対処し、事業活動を継続するための事業継続手順を確立し、導入し、維持しなければならない。

　組織は、事業活動の継続及び事業の中断・阻害を引き起こすインシデントへの対応を確実にするための手順（必要な取組みを含む。）を文書化しなければならない。

　手順は、次のようなものでなければならない。

> a) 組織内部及び外部の適切なコミュニケーション手順を確立する。
> b) 業務の中断・阻害時の緊急の処置が明示されている。
> c) 不測の脅威、及び組織内外の状況変化に柔軟に対応する。
> d) 潜在的に事業の中断・阻害を引き起こすおそれのある事象の影響に焦点を当てる。
> e) 所定の前提及び相互依存の分析に基づいて策定される。
> f) 適切な軽減戦略の導入によって影響を最小限に抑えることに効果的である。

求められる成果物　「インシデントに対処し、事業活動を継続するための事業継続手順とインシデントへの対応を確実にするための手順の確立と文書化」

「組織は、事業影響度分析で設定された復旧の目標に基づいて事業の中断・阻害を引き起こすインシデントに対処し、事業活動を継続するための事業継続手順を確立し、実施し、維持しなければならない」として事業継続計画を策定することを求めている。

また、「組織は、事業活動の継続及び事業の中断・阻害を引き起こすインシデントへの対応を確実にするための手順(必要な取組みを含む)を文書化しなければならない」としてインシデント対応計画を策定することを求めている。

事業継続計画及びインシデント対応計画の策定については「箇条8.4.4　事業継続計画」を参照のこと。

② **箇条8.4.2　インシデント対応の体制**

ISO 22301 / JIS Q 22301

> 組織は、インシデントに対処するために必要な責任、権限及び力

第2章 BCMS構築のステップと実施例

> 量をもつ要員を用い、業務の中断・阻害を引き起こすインシデントに対応するための手順及び運営管理体制を確立し、文書化し、実施しなければならない。
>
> 対応の体制は、次のようなものでなければならない。
>
> a) 正式な対応を発動させる事態のレベルの基準を決定する。
> b) 業務の中断・阻害を引き起こすインシデント及びその潜在的な影響の性質及び程度を評価する。
> c) 適切な事業継続対応策を発動する。
> d) 対応の発動、運用、調整及びコミュニケーションのためのプロセス及び手順を備える。
> e) 影響を最小限に抑えるために、事業の中断・阻害を引き起こすインシデントに対処するプロセス及び手順を支える利用可能な資源を確保する。
> f) 利害関係者及び関係当局、並びにメディアとのコミュニケーションを行う。
>
> 組織は、人命を最優先とし、また関係する利害関係者と協議し、重大なリスク及び影響について外部に伝えるか否かを決定し、その決定を文書化しなければならない。伝える決定を下した場合には、組織は、必要に応じて、メディアを含め外部へのコミュニケーション、警報及び警告のための手順を確立し、実施しなければならない。

求められる成果物　「インシデントに対応するための手順及び体制の確立と文書化」

インシデントの発生から事業継続計画の発動までのインシデントに対応する体制と手順が求められる。

組織が被る被害の程度によって、インシデント対応体制の発動の是非及びインシデント対応体制の発動後の対応内容が決まる。

2.6 箇条8 運用

図表 2.29 で地震の場合の「初期・初動におけるインシデント対応体制の発動基準」の例について示す。

図表 2.29 初期・初動におけるインシデント対応体制の発動基準の例

震度4まで	社内外の状況によって、総務責任者が発動する。
震度5以上	状況によらず、総務責任者が発動する。

図表 2.30 で「初期・初動時におけるインシデント対応体制」の例を示す。

図表 2.30 初期・初動時におけるインシデント対応体制の例

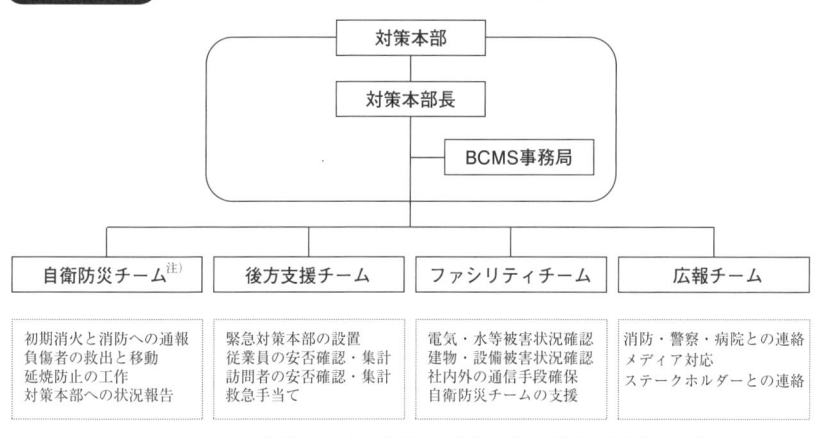

```
                    対策本部
                      │
                   対策本部長
                      │
                  BCMS事務局
                      │
    ┌─────────┬─────────┼─────────┬─────────┐
 自衛防災チーム注)  後方支援チーム  ファシリティチーム    広報チーム
```

自衛防災チーム注)	後方支援チーム	ファシリティチーム	広報チーム
初期消火と消防への通報 負傷者の救出と移動 延焼防止の工作 対策本部への状況報告	緊急対策本部の設置 従業員の安否確認・集計 訪問者の安否確認・集計 救急手当て	電気・水等被害状況確認 建物・設備被害状況確認 社内外の通信手段確保 自衛防災チームの支援	消防・警察・病院との連絡 メディア対応 ステークホルダーとの連絡

各チームの構成メンバーは氏名を明確にし、役割・責任を自覚させる。

注) 自衛防災チームのない組織もある。

初期・初動の対応後、被害の程度によって事業継続計画が発動される場合がある。この場合には、BCP チームが召集されインシデント対応体制に加わることになる。

図表 2.31 で「事業継続計画発動時のインシデント対応体制」の例を示す。

組織が被る被害の程度によってインシデント対応体制の下で実施されるアクションは決まる。したがってインシデントのレベルとそれに対応

第2章 BCMS構築のステップと実施例

図表2.31 事業継続計画発動時のインシデント対応体制の例

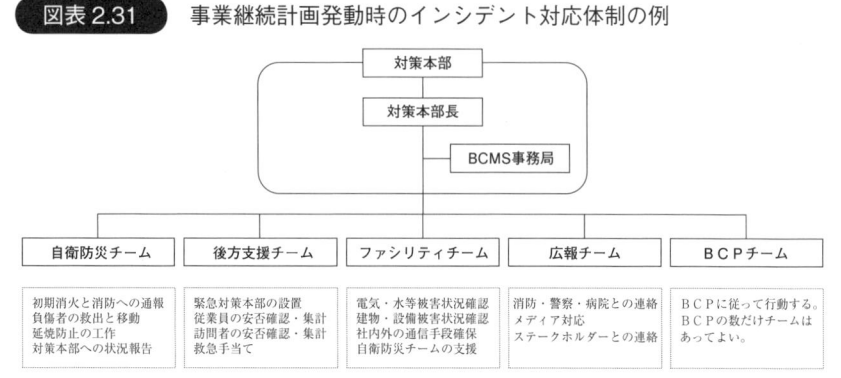

```
                    対策本部
                      │
                   対策本部長
                      │
                  BCMS事務局
```

自衛防災チーム	後方支援チーム	ファシリティチーム	広報チーム	BCPチーム
初期消火と消防への通報 負傷者の救出と移動 延焼防止の工作 対策本部への状況報告	緊急対策本部の設置 従業員の安否確認・集計 訪問者の安否確認・集計 救急手当て	電気・水等被害状況確認 建物・設備被害状況確認 社内外の通信手段確保 自衛防災チームの支援	消防・警察・病院との連絡 メディア対応 ステークホルダーとの連絡	BCPに従って行動する。 BCPの数だけチームがあってよい。

各チームの構成メンバーは氏名を明確にし、役割・責任を自覚させる。

したアクション及びアクションの発動者などを「インシデント対応基準」として、事前に決めておかなければならない。

図表2.32で「インシデント対応基準」の例を示す。

図表2.32 インシデント対応基準の例

○：アクションを実施 △：状況により実施 ×：実施しない

インシデントのレベル		一次避難	二次避難	インシデント対応体制の発動	インシデント対応計画の発動	事業継続計画の発動	事業継続計画の停止・解除	インシデント対応計画の停止・解除	インシデント対応体制の停止・解除
レベル	事象の例			総務責任者	対策本部長	対策本部長	対策本部長	対策本部長	対策本部長
6	地震・震度6以上	○	○	○	○	○	○	○	○
5	地震・震度5強 大規模停電 広域火災	○	○	○	△	△	△	△	△
5−	地震・震度5弱 風水害 社内火災	○	○	○	△	△	△	△	△
4	地震・震度4	○	○	△	△	×	×	△	△
3	地震・震度3 社内ボヤ	○	△	×	×	×	×	×	×
2	地震・震度2	×	×	×	×	×	×	×	×
1	地震・震度1	×	×	×	×	×	×	×	×

↑二次避難時の行動基準　↑被災時の行動基準
行動基準

2.6 箇条8 運用

図表 2.33 で「インシデントの発生から事業継続計画発動までの流れ」の例を示す。

図表 2.33 インシデントの発生から事業継続計画発動までの流れの例

インシデントのレベルにより対応の進度が異なる。

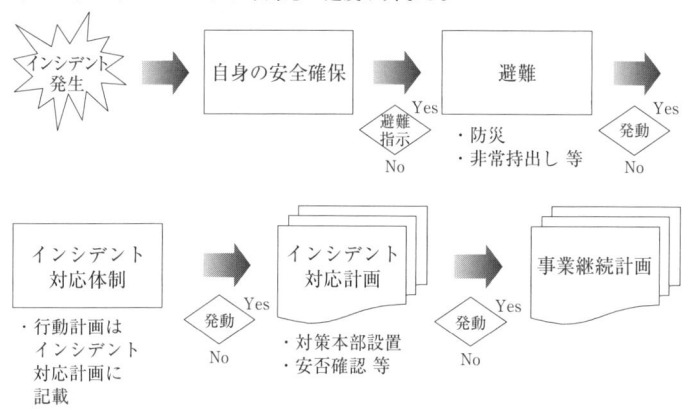

```
インシデント発生 → 自身の安全確保 → 避難
                    ↓避難指示           ↓発動
                    Yes/No             Yes/No
                    ・防災
                    ・非常持出し 等

インシデント対応体制 → インシデント対応計画 → 事業継続計画
・行動計画は           ↓発動                ↓発動
 インシデント          Yes/No               Yes/No
 対応計画に            ・対策本部設置
 記載                 ・安否確認 等
```

> **Point**「安全確保と避難」
>
> 地震発生時にはまず、自身の安全を確保し、揺れが治まった段階で屋外などの安全な場所に避難し、余震に備えるのが一般的である。

災害のレベルによって対応の進度が異なるのは**図表 2.32**に示したとおりであるが、避難時の行動基準は後のアクション、例えば事業継続計画に繋がる部分も含まれるので重要であり、事前に策定すべきである。

図表 2.34 で「避難時の行動基準」の例を示す。

89

第 2 章　BCMS 構築のステップと実施例

図表 2.34　避難時の行動基準の例

○：アクションを実施　△：状況により実施　−：非該当

アクション	対象となる部署				
	BCM事務局	総務部	企画部	情報システム部	製造部
①ヘルメット着用	○	○	○	○	○
②ブレーカOFF	○	○	○	○	○
③ガス元栓のクローズ	○	○	○	○	○
④水元栓のクローズ	○	○	○	○	○
⑤ドア開放	○	○	○	○	○
⑥ライン、サーバ等停止	−	−	−	△	○
⑦避難場所へ移動	○	○	○	○	○
⑧点呼（及び報告）	○	○	○	○	○
持出し物品	事業継続戦略で策定したすべての文書 ①被災時の行動基準 ②被災時の連絡方法 ③インシデント対応体制 ④災害対応備品等一覧 ⑤インシデント対応計画書 ⑥事業継続計画書	1. インシデント対応計画書 2. 被災時の連絡方法 3. 災害対応備品等一覧 4. キャッシュ（手提げ金庫）	1. 責任区となる事業継続計画書 2. バイタルレコード	1. 責任区となる事業継続計画書 2. バックアップメディア 3. サーバ室物理キー	1. 責任区となる事業継続計画書

③　箇条 8.4.3　警告及びコミュニケーション

ISO 22301／JIS Q 22301

　組織は、次のための手順を確立し、実施し、維持しなければならない。

　　a)　インシデントの検知
　　b)　インシデントの定期的な監視
　　c)　組織内部のコミュニケーション、並びに利害関係者からのコミュニケーションの受け入れ、文書化及び対応
　　d)　全国若しくは地域の災害情報提供システム、又は同等のシステムからの勧告の受領、文書化及び対応
　　e)　事業の中断・阻害を引き起こすインシデント発生時の通信手段の確保
　　f)　緊急事態対応機関との組織化されたコミュニケーションの

2.6 箇条8 運用

> 促進
> g) インシデント、実施された処置、及び下された決定に関する重要な情報の記録
>
> 次の事項についても考慮し、該当する場合は必ず実施しなければならない。
> - 事業の中断・阻害を引き起こすインシデントの発生又はそれが差し迫っているとき、影響を受ける利害関係者への警報
> - 複数の繁急事態対応機関と要員との相互運用性の確保
> - 通信設備の運用
>
> コミュニケーション及び警告の手順を定期的に演習しなければならない。

求められる成果物　「警告及びコミュニケーションの手順の確立・実施及び維持」

a)ではインシデントを検知する仕組みの構築を求めている。

リスクが現実のものとなったとき、さまざまなインシデントが組織内で発生する。「損害はなくその場で対処できるインシデント」「損害はなくても放置すると深刻な事態に発展するかもしれないインシデント」及び「損害を被るインシデント」などである。

組織外で発生するインシデントもある。仕入先工場の爆発火災、海外工業団地の水害及び新型インフルエンザ感染者の国内での発生など「組織にとって予兆的なインシデント」や「経時で組織の活動に重大な影響を与えるかもしれないインシデント」がある。

組織は組織内外で発生するインシデントを速やかに検知し、情報を共有しなければならない。検知されたインシデントはその内容によって組織の内外に警告を発信しなければならない。

インシデントの報告先及び警告の発信元は、平常時からインシデント

対応体制の対策本部事務局などに決めておくとよい。

組織はインシデントの検知、情報収集、報告及び警告までの手順を定めなければならない。

b)ではインシデントを監視する仕組みの構築を求めている。

組織内で発生したインシデントの対処はインシデント対応体制が発動されていれば、体制の下で行われることになるが、対処が完了するまでは状況や推移を監視しなければならない。

組織外で発生したインシデントも予兆であったり、経時で重大な変化がありうるので、収束するまでは状況や推移を監視することが必要である。この際、インシデントの対処の過程で状況によって組織の内外に警告を発信しなければならない。また、インシデントの監視、報告及び警告までの手順を定めなければならない。

c)～f)は、「箇条7 支援」の「箇条7.4 コミュニケーション」で実施することを求められている事項である。本項では決定したコミュニケーションの手段を運用し、必要な場合には警告を発信することを求めている。コミュニケーションの手段の運用と警告についての手順を定めなければならない。

g)は、インシデント発生時の記録を残すことを求めている。インシデント発生時の記録は「箇条8.4.4 事業継続計画」で策定する文書に残すとよい。それら文書の様式を設計する際に記録欄について留意する。

> **Point** 「**警告及びコミュニケーションの手順**」
> インシデントの検知と監視及びコミュニケーション手段の運用を含め、それらの手順をBCMS管理運用規定などで定めるとよい。役割・責任を明確にし、組織内に伝達することが重要である。また、警告及びコミュニケーションの手順の定期的な演習を実施することが求められる。

④ 箇条 8.4.4　事業継続計画

> ISO 22301／JIS Q 22301
>
> 組織は、事業の中断・阻害を引き起こすインシデントへの対応、及びあらかじめ設定した時間枠内で事業活動を継続又は復旧する方法について、文書化した手順を確立しなければならない。このような手順には、それらを使用する者に関する要求事項を含めなければならない。
>
> 事業継続計画には、全体として次の事項が含まれていなければならない。
>
> a) インシデント発生時及びその後について権限をもつ者及びチームの明確に定められた役割及び責任
> b) 対応策を発動するプロセス
> c) 次のことに相当な配慮をし、業務の中断・阻害を引き起こすインシデントの直接的影響に対処するための詳細事項
>   1) 個々人の福利厚生
>   2) その中断・阻害に対応する戦略的、戦術的及び運用面の選択肢
>   3) 波及する損害又は優先事業活動が実行できなくなることの防止
> d) 組織がどのように、またどのような状況で、従業員及びその近親者、主要な利害関係者、並びに緊急連絡先と連絡をとるかについての詳細事項
> e) 組織があらかじめ定められた時間枠内で優先事業活動を継続又は復旧する方法
> f) 次を含む、インシデント発生後の組織のメディア対応に関する詳細事項
>   1) コミュニケーション戦略

> 2) メディアに対する優先連絡窓口
> 3) メディアに対する声明文を作成するための指針又はひな(雛)形
> 4) 適切な広報担当者
> g) インシデント終了後の解除プロセス
>
> 各計画は、次の事項を定義しなければならない。
> - 目的及び適用範囲
> - 達成目標
> - 発動基準及び手順
> - 実施手順
> - 役割、責任及び権限
> - コミュニケーションに関する要求事項及び手順
> - 組織内外の相互依存及び相互作用関係
> - 資源に関する要求事項
> - 情報の流れ及び文書化のプロセス

求められる成果物　「インシデントへの対応及びあらかじめ設定した時間枠内で事業活動を継続又は復旧する方法の手順の確立と文書化」

図表 2.35　策定する文書

要求事項	策定する文書
1. インシデントに対応する方法の手順	インシデント対応計画[注]
2. あらかじめ設定した時間枠内で活動を継続又は復旧する方法の手順	事業継続計画[注]

注) BS 25999-2 では「インシデントマネジメント計画(IMP)」及び「事業継続計画(BCP)」の用語と略語が定義されているが、JIS Q 22301 では「箇条 3.6　事業継続計画」で次のように定義されている。
「箇条 3.6　事業継続計画
　事業の中断・阻害に対し、事業を復旧し、再開し、あらかじめ定められたレベルに回復するように組織を導く文書化された手順。」

図表 2.35 で「策定する文書」を示す。

> **Point** 「事業継続計画のまとめ方」
> 　本箇条では 1. と 2. をまとめて事業継続計画として解説しているが、必ずしも要求事項を一つの文書としてまとめる必要はなく、運用面を考慮し複数の文書に分けてもよい。1. については「インシデント対応計画」を策定し、2. については「事業継続計画」を策定してもよい。
> 　1. と 2. の文書では、使う人及び使う時期が異なる場合もあり、別の文書として策定するほうが実用的な場合もある。図表 2.33 の例で示したように対応の進度によっては「インシデント対応計画」のみが実施され、「事業継続計画」が実施されない場合もある。

> **Point** 「事業継続計画書は一つ？」
> 　規格の「箇条 8.4.4　事業継続計画」の 21 行目で、「各計画は、次の事項を定義しなければならない」との記載もあり、複数の計画を示唆している。事業継続計画は必要な事業単位ごとに複数作成されるが、組織の規模や防災・減災対策の実施状況によってその数は異なる。

■インシデント対応計画の作成

インシデントが発生したときの初期・初動の対応の方法を示した文書としてインシデント対応計画を作成する。

計画では、例えば、次の事項を明確にする。

　1. 対策本部の設置
　2. 従業員の安否及び負傷者有無の確認

3. 従業員家族の安否及び負傷者有無の確認
4. 訪問者の安否及び負傷者有無の確認
5. 自衛防災チームの活動状況確認と支援
6. リスクコミュニケーション
7. ステークホルダーマネジメント
8. 建物の安全確認
9. ライフラインの現状確認と復旧見通し
10. 事業継続計画の発動の是非
(1.～10.には担当チーム、リーダー、メンバーおよび記録欄を設ける)

> **Point**「役割・責任の明確化」
> 　各事項を担当するチーム名、リーダー、メンバーについては所属名・氏名を明記して役割・責任の所在を明らかにし、また、自覚させることが必要である。

■インシデント対応計画書の保管

可用性の観点から紙媒体のインシデント対応計画書を用意し、発災時にすぐに使えるような場所に保管する。その際、機密性、完全性の観点からも対策を講じなければならない。

> **Point**「可用性、機密性、完全性について」
> 1. 可用性：インシデント対応計画が必要なときに、必要な人が使える状態で保管する。例えば、PCやサーバのなかに電子ファイルで保管すると、発災時、停電すると使えない。
> 2. 機密性：インシデント対応計画には会社の機密情報、個

人情報等が含まれるので情報漏洩に留意し保管する。
3. 完全性：発災時、インシデント対応計画を使える状態で保管する。例えば、"水濡れ・焼損"で読めない状態では使えない。

■インシデント対応計画の発動

図表2.36で「インシデント対応計画の発動責任者及び発動の基準」の例を示す。

図表2.36 インシデント対応計画の発動責任者及び発動の基準の例

発動責任者	対策本部長
発動の基準	インシデント対応体制が発動された場合にインシデント対応計画が発動される。 　ただし、インシデントのレベルによってはインシデント対応計画が発動されない場合もある(図表2.32参照のこと)。

■事業継続計画の作成

優先活動に中断・阻害が発生した場合に、定められた時間枠内で優先活動を継続または復旧する方法を示した文書として事業継続計画を作成する。計画では、例えば、次の事項を明確にする。

1. 対象とする製品・サービス
2. 復旧する活動及び経営資源
3. 目標復旧時間、目標復旧レベル及び復旧優先順位
4. 被害状況(想定)
5. 担当チーム、リーダーおよびメンバー
6. 社内外の協力依頼先と連絡先
7. 復旧のステップ(記録欄を設けること)

第 2 章　BCMS 構築のステップと実施例

> **Point**　「事前の準備」
> "7. 復旧のステップ" で必要となる材料・部品・機器・手順書などの資源は計画に明記し、事前に準備する。

■事業継続計画書の保管

可用性の観点から紙媒体の事業継続計画書を用意し、発災時にすぐに使えるような場所に保管する。その際、機密性、完全性の観点からも対策を講じるのはインシデント対応計画と同様である。

> **Point**　「事業継続計画書の取扱い」
> 事業継続計画は組織の戦略そのものであり、組織の機密文書として厳重に管理すべきものである。

■事業継続計画の発動

図表2.37で「事業継続計画の発動責任者及び発動の基準」の例を示す。

図表2.37　事業継続計画の発動責任者及び発動の基準の例

発動責任者	対策本部長
発動の基準	次の1.及び2.が満たされている場合に、発動する。 1. 原則としてインシデント対応計画の所定の事項が実施され完了している。 2. 事業継続に影響を与えるインシデントが発生していると判断される場合。

> **Point**　「事業継続計画の発動」
> 事業継続計画の発動の是非はインシデント対応計画のなかで決定される（図表2.33参照のこと）。

2.6 箇条8 運用

> **Point** 「事業継続計画の発動と実施の是非」
>
> 事業継続計画の発動は、通常の執務エリアから離れた対策本部で判断される場合もあり、内部の状況は正確には判っていない。各事業継続計画のリーダー(責任者)は発動を受け、実施の是非については現場確認をもとに判断する必要がある。

> **Point** 「事業継続計画と手順書の違い」
>
> 事業継続計画はあらかじめ設定した時間内で活動を継続し復旧する方法を文書化したもので、実施手順(又は手順書)が含まれる。
>
> 手順書は「正しい繰り返し作業を確実にする」ために準備されるものであり、目標復旧時間や目標復旧レベル等は記載しない。
>
> 日本の製造業には"正しい繰り返し作業が良い製品を作る"という考えがあり、このために手順書が重視されている。
>
> 図表2.38で「事業継続計画と手順書の関係」について示す。

図表2.38 事業継続計画と手順書の関係

事業継続計画
- 実施責任者
- メンバー
- 目標復旧時間
- 目標復旧レベル
  ：
- 実施手順
  ……
  ……

参照 → 手順書

手順が複雑でボリュームのある手順書、または既存の手順書を活用する場合は別紙でもよい。

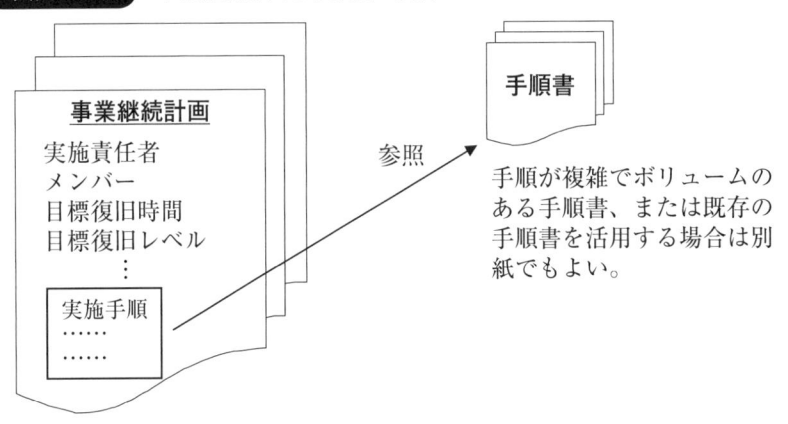

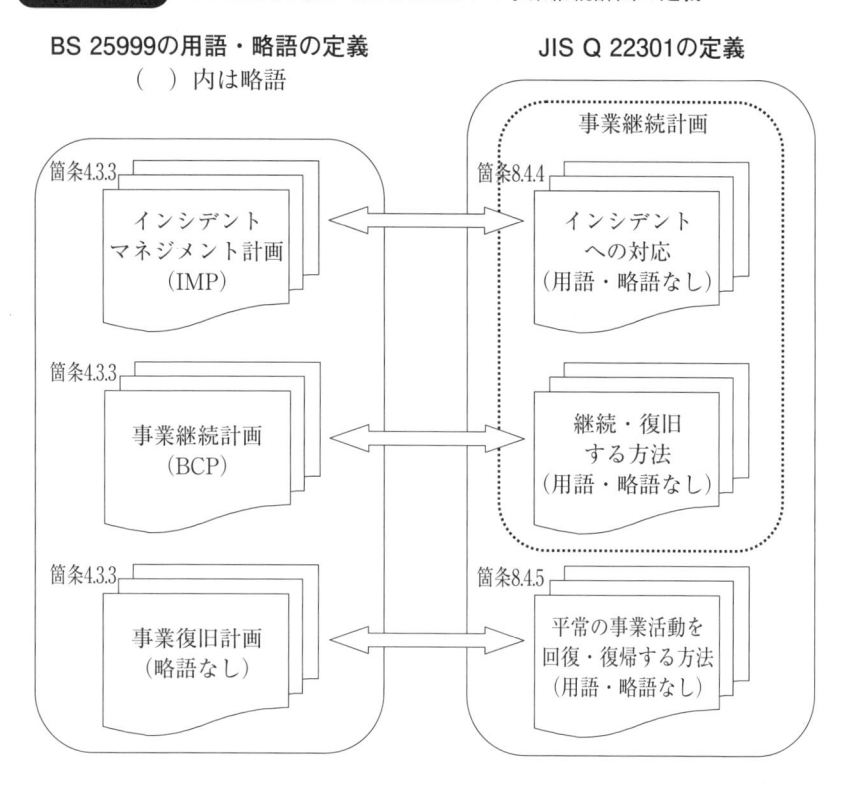

図表2.39　BS 25999 及び JIS Q 22301 の事業継続計画の定義

BS 25999の用語・略語の定義
（　）内は略語

- 箇条4.3.3　インシデントマネジメント計画（IMP）
- 箇条4.3.3　事業継続計画（BCP）
- 箇条4.3.3　事業復旧計画（略語なし）

JIS Q 22301の定義

事業継続計画
- 箇条8.4.4　インシデントへの対応（用語・略語なし）
- 継続・復旧する方法（用語・略語なし）

- 箇条8.4.5　平常の事業活動を回復・復帰する方法（用語・略語なし）

　次に**図表2.39**で「BS 25999 及び JIS Q 22301 の事業継続計画の定義」について示す。両者の定義に違いはあるが、初期・初動への対応を計画することを求めている点は同じである。

　インシデントマネジメント計画（IMP）という用語は BS 25999-1、BS 25999-2 では定義されており、BS 25999-2 では「インシデントを管理する方法」及び「インシデント発生時の問題を管理するための準備」等の説明があり、初期・初動の対応計画としてインシデントマネジメント計画（IMP）が求められている。

　JIS Q 22301 においても箇条8.4.4で「業務の中断・阻害を引き起こす

インシデントへの対応」として手順の文書化が求められているが、用語は定義されていない(ISO 22301：2012 の原文の表記は documented procedures for responding to a disruptive incident である)。

ただし、「あらかじめ設定した時間枠内で活動を継続又は復旧する方法」の手順の文書化も要求されており、両者を総称する用語として「事業継続計画」が定義されている。

⑤ 箇条 8.4.5　復旧

> ISO 22301 ／ JIS Q 22301
>
> 組織は、インシデント発生後、採用された暫定的処置から、平常の事業活動の要求事項を満たすことができるまでに、事業活動を回復し、復帰させるための手順を文書化して備えなければならない。

求められる成果物　「採用された暫定的処置から平常の事業活動を回復・復帰させる手順の確立と文書化」

事業継続の段階で適用した代替の経営資源を正規の経営資源に戻し、完全復旧するために事業復旧計画を策定する。通常、事業復旧計画は事業継続計画と対になるものである。

正規の経営資源を使用し、目標復旧レベルが100％であるような事業継続計画では事業復旧計画を策定する必要はない。

事業継続の段階で適用する代替の経営資源には、例えば次のようなものがある。

- 社内通信インフラの仮設ケーブル
- 代替サーバ
- 電気、水、圧縮エアーなどの仮設配管や設備の仮止め

復旧の際に、時間的、技術的、費用的に可能であれば再発防止を考慮した対策を実施するとよい。

第2章　BCMS構築のステップと実施例

(5) 箇条8.5　演習及び試験の実施

> ── ISO 22301／JIS Q 22301 ──
>
> 　組織は、事業継続手順が事業継続目的に合致していることを確実にするために、手順を演習し、試験しなければならない。
> 　組織は、次のような演習及び試験を実施しなくてはならない。
> 　a)　BCMSの適用範囲及び目的と合致している。
> 　b)　明確に定められた狙いと達成目標をもって、周到に計画された適切なシナリオに基づいている。
> 　c)　該当する利害関係者を含めた事業継続の取組みについて、長期にわたる総合的な妥当性を確認する。
> 　d)　事業の中断・阻害のリスクを最小限に抑える。
> 　e)　結果、提言、及び改善を実施するための処置を含めた正式な演習実施報告書を作成する。
> 　f)　継続的改善を促進する観点からレビューする。
> 　g)　あらかじめ定めた間隔、及び組織内又は組織が活動する環境に大きな変化があった場合に実施する。

【求められる成果物】「事業継続演習の計画及び実施報告の手順の確立と文書化」

■事業継続演習の計画

　策定したインシデント対応計画及び事業継続計画に関連する要員の能力向上、及び計画の有効性の検証と改善のために演習及び試験を実施することを求めている。

　演習計画には、例えば、以下の事項を含めることが必要である。

　1. 演習種類
　2. 演習日時
　3. 演習場所

2.6 箇条8 運用

4. 演習の目標
5. 演習のコーディネータ
6. 演習参加者と役割
7. 演習内容
8. タイムキーパーと演習の記録
9. 必要な資源
10. 評価方法

図表2.40で「事業継続演習計画書」の例を示す。

図表2.40 事業継続演習計画書の例

演習種類	机上演習	
演習日時	2012.09.14 13：00－17：00	
演習場所	3F 第一会議室	
演習の目標	インシデント対応計画と事業継続計画について机上でレビューし、復旧のステップ・経営資源等に漏れがないか、検証する。	
演習コーディネーター	BCM推進事務局長	
演習参加者と役割	BCM推進事務局長 及び事務局メンバー	災害対策本部長及び再学習の講師
	総務Gリーダー　鈴木一郎	情報統括責任者 インシデント対応計画実施責任者
	総務Gリーダー　鈴木二郎 　　　　　　　　鈴木三郎	情報統括担当者　兼 インシデント対応計画実施担当者
	情報Gリーダー　杉山一郎	事業継続計画実施責任者
	情報Gメンバー　杉山二郎	事業継続計画実施担当者
演習の内容	(1) BCM基礎の再学習 時間：2Hr 内容：BCM管理運用規定及びBCM構築手順書について、参加者全員で学習をする。講師は推進事務局が担当する。 (2) 事業継続演習 コーディネーターの指揮で、以下のシナリオに従って演習をすすめる。ただし、所定の現場には移動しないで机上で行う。 　① 糸魚川―静岡構造線［中部］地震が発生（震度7） 　② 全員、一時避難を実施 　③ 全員が二次非難を実施、同時にインシデント対応体制及びインシデント対応計画が発動される。	

Point「事業継続演習の種類」
　JIS Q 22301 では演習の種類について規定していないが、BS 25999-1 では机上チェック、ウォークスルー、シミュレーションなどの例示をしている。本書の 4.2 節で解説しているので参考にされたい。

Point「演習の参加者」
　インシデント対応計画及び事業継続計画の演習では計画で役割、責任をもつ者が参加すればよい。

Point「訓練と演習の違い」
　訓練は計画どおりに行動できるように、その能力向上のために行うものであるが、演習は能力向上だけでなく、計画の有効性の検証と改善をするために行うものである。

■事業継続演習の報告
　演習実施後、速やかにその報告を行う。演習のレビューを行い、問題・課題の抽出と対応について報告で言及すること。演習報告書には、例えば、以下の事項を含める。
　1. 事業継続演習の概要
　2. レビュー開催日時
　3. レビュー開催場所
　4. レビュー参加者
　5. 目標達成状況及び差異
　6. 確認された問題または課題
　7. 問題または課題への対応
　8. インシデント対応計画及び事業継続計画の改善点

9. 次回演習に向けての提言

10. 添付資料

図表2.41 で「事業継続演習報告書」の例を示す。

図表2.41 事業継続演習報告書の例

事業継続演習の概要	演習種類：机上演習 演習日時：2012.09.14　13：00－17：00 演習場所：3F第一会議室 演習目標：インシデント対応計画と事業継続計画について机上で演習し、復旧のステップ・経営資源等に漏れがないか、検証する。 参加者：BCM事務局、総務G、情報Gのリーダー及びBCM担当者 演習内容：糸魚川―静岡構造線［中部］地震（震度7）の発生を前提としたインシデント対応計画と事業継続計画の内容確認
レビュー開催日時	2012.09.21　13：00－15：00
レビュー開催場所	3F 第一会議室
レビュー参加者	BCM事務局、総務G、情報Gのリーダー及びBCM担当者
目標達成状況及び差異 （必要な場合写真添付）	インシデント対応計画、事業継続計画は手順に問題はなかったが、予定した時間を1.5 Hrオーバーする結果となった。
確認された問題 または課題	問題点として以下のとおり挙げられた。 ① 上期の異動者に関連したメンテが一部、不十分であった。 ② インシデント対応計画と事業継続計画の発動基準などについての理解が不十分の者が何人かいた。 ③ 演習中、BCMやIT系の専門用語に戸惑う場面があった。
インシデント対応計画 及び事業継続計画の 改善点	インシデント対応計画に異動者が含まれており、メンテが必要である。 情報の鮮度管理について周知徹底する。
次回演習に向けての 提言	演習参加者だけでなく、すべての従業員にBCM基礎、事業継続演習計画、インシデント対応計画、及び事業継続計画などについての教育を徹底することが必要である。BCM推進事務局が今年度の追加教育計画を作成し、実施する。

2.7　箇条9　パフォーマンス評価

以下、JIS Q 22301 の箇条9について解説していく。

第2章 BCMS構築のステップと実施例

(1) 箇条9.1　監視、測定、分析及び評価
① 箇条9.1.1　一般

> ISO 22301 / JIS Q 22301
>
> 組織は次の事項を決定しなければならない。
> a) 必要とされる監視及び測定の対象
> b) 該当する場合には必ず、妥当な結果を確実にするための、監視、測定、分析及び評価の方法
> c) 監視及び測定の実施時期
> d) 監視及び測定の結果の、分析及び評価の時期
>
> 組織は、この結果の証拠として、適切な文書化した情報を保持しなければならない。
>
> 組織は、BCMS、パフォーマンス及びBCMSの有効性を評価しなければならない。
>
> さらに、組織は次を実施しなければならない。
> - 好ましくない傾向又は結果に対処する必要がある場合、不適合が生じる前に処置をとる。
> - 結果の証拠として、文書化した関係情報を保持する。
>
> パフォーマンスを監視する手順は、次の事項を規定しなければならない。
> - 組織のニーズに適したパフォーマンス測定基準の設定
> - 組織の事業継続方針、目的及び目標の達成程度の監視
> - 優先事業活動を保護するプロセス、手順及び機能のパフォーマンス
> - この規格及び事業継続目的に対する適合の監視
> - BCMSのパフォーマンス不足に関する過去の証拠の監視
> - その後の是正処置を促進するための、監視及び測定のデータ及び結果の記録

2.7 箇条9 パフォーマンス評価

> 注記　パフォーマンス不足には、不適合、ニアミス、誤報、実際のインシデントなどがある。

求められる成果物
「構築したBCMSのパフォーマンスと有効性を評価する手順の確立と文書化」

「箇条9　パフォーマンス評価」の構成は「箇条9.1　監視、測定、分析及び評価」「箇条9.2　内部監査」及び「箇条9.3　マネジメントレビュー」の3つの節で構成されている。

「箇条8　運用」の「箇条8.5　演習及び試験の実施」と箇条9の3つのプロセスを横並べし、それらの目的及び実施時期を比較すると**図表2.42**のようになる。

「箇条8.5　演習及び試験の実施」「箇条9.2　内部監査」及び「箇条9.3　マネジメントレビュー」は、目的によって実施時期と頻度が決まるが、毎月実施するようなものではない。人事異動や担当者変更、社外

図表2.42　4つのプロセスの横並べ

箇条8　運用	箇条9　パフォーマンス評価		
箇条8.5 演習及び試験の実施	箇条9.1 監視、測定、分析及び評価	箇条9.2 内部監査	箇条9.3 マネジメントレビュー
「目的」事業継続手順が事業継続目的に合致していることを確実にする。	「目的」BCMSのパフォーマンスと有効性を評価する。	「目的」組織及び規格の要求事項への適合性と運用状況の監査を行う。	「目的」BCMSの適合性、適切性及び有効性が継続されることを確実にする。
「実施時期」 ・あらかじめ定めた間隔 ・環境の変化があった時	「実施時期」 ・組織が決める。	「実施時期」 ・あらかじめ定めた間隔 ・環境の変化があった時	「実施時期」 ・あらかじめ定めた間隔

連絡先の変更、災害対応備品の品質・在庫量の経時による変化、及びBCMSの意識レベルなど、BCMSのパフォーマンスに影響を与えるような組織内外の変化を捉え、対処しているかどうか検証するには不十分である。

「箇条9.1　監視、測定、分析及び評価」ではBCMSの運用者自身が日常的にモニタリングする仕組みを構築したらよい。

箇条9.1では次のことを含む手順の確立と文書化を求めている。

- 何を(監視、測定するか)
- どのように(監視、測定、分析及び評価するか)
- いつ(監視、測定するか)
- いつまでに(分析及び評価するか)

上記の要求事項を考慮し、自組織やチームの責任範囲を自主的に点検する「月次点検」、または組織の横断チェックである「BCMSパトロール」のような仕組みを構築するとよい。

> **Point**　「パフォーマンスとは」
>
> 「箇条3　用語及び定義」にある「箇条3.35　パフォーマンス」の注記2には「パフォーマンスは、活動、プロセス、製品(サービスを含む)、システム、又は組織の運営管理に関係し得る」とあり、組織の仕組み全体に及ぶことを示唆している。
>
> 本章ではBCMS全体のパフォーマンス[*7]と有効性を評価し、必要な場合には適切な処置をすることを求めている。

---

*7　出来栄え、遂行能力などの意味もあり、結果のみを捉えるのは不充分である。

2.7 箇条9 パフォーマンス評価

> **Point**「監視する手順の規定」
>
> 規格の「箇条9.1.1 一般」の第11行以下でパフォーマンスを監視する手順の規定を求めているが次のとおり対応するとよい。
>
> 1. 組織のニーズに適したパフォーマンス測定基準の設定
>
>   月次点検またはBCMSパトロールのような仕組みのなかで規定する。
>
> 2. 組織の事業継続方針、目的及び目標の達成程度の監視
>
>   マネジメントレビューの報告様式のなかで規定する。
>
> 3. 優先活動を保護するプロセス、手順及び機能のパフォーマンス
>
>   演習及び試験の報告書の様式のなかで規定する。
>
> 4. この国際規格及び事業継続目的に対する適合の監視
>
>   マネジメントレビューの報告様式のなかで規定する。
>
> 5. BCMSのパフォーマンス不足に関する過去の証拠の監視
>
>   是正のフォローアップであり、内部監査の報告様式のなかで規定する。
>
> 6. その後の是正処置を促進するための、監視及び測定のデータ及び結果の記録
>
>   内部監査の報告様式のなかで規定する。

② 箇条9.1.2 事業継続手順の評価

| ISO 22301 / JIS Q 22301 |

事業継続手順は、次によって評価する。

> a) 組織は、事業継続手順及び能力の適合性、妥当性及び有効性の継続を確保するために、それらの評価を実施しなければならない。
> b) これらの評価は、定期的なレビュー、演習、試験、インシデント発生後の報告、及びパフォーマンス評価を通して行われなければならない。大きな変更があった場合は、遅滞なく手順に反映しなければならない。
> c) 組織は、適用される法令及び規制の要求事項の遵守、業界のベストプラクティスとの適合、並びに組織の事業継続方針及び目的との適合を定期的に評価しなければならない。
> d) 組織は、あらかじめ定めた間隔で、また大きな変更があった場合にも、評価を実施しなければならない。
>
> 事業の中断・阻害を引き起こすインシデントが発生し、事業継続手順の発動に至った場合、組織は、インシデント発生後のレビューを実施し、結果を記録しなければならない。

【求められる成果物】「事業継続手順と能力を評価する手順の確立と文書化」

事業継続手順とは、インシデント対応計画、事業継続計画及び事業復旧計画であり、その評価として、次の事項を実施することを求めている。

- 定期的なレビュー
- 演習、試験
- インシデント発生後の報告
- パフォーマンス評価

定期的なレビューは「箇条9.3 マネジメントレビュー」で、演習、試験は「箇条8.5 演習及び試験の実施」で解説している。また、インシデント発生後の報告については次の「Point インシデント記録の重

2.7 箇条9 パフォーマンス評価

要性」を参照されたい。ここでは事業継続手順のパフォーマンス評価としてBCMSパトロールを紹介する。

パフォーマンス評価としてBCMSパトロールを実施する場合、その確認項目として、例えば、次のようなものがある。

■ BCMSパトロールの確認項目の例

事業継続手順で必要となる経営資源の健全性を中心に確認する。

1. インシデント対応計画、事業継続計画について
    - 最新版であるか、BCMS運用記録（議事録など）と照合する。
    - 機密性、完全性、可用性の観点で保管されているか。
    - 直近の組織体制を反映しているか（所属名、氏名等適切であるか）。
    - 自身の役割・責任について自覚があるか。
    - 自身の役割について、演習を行っているか（向こう一年以内であるか）。
2. インシデント対応計画、事業継続計画で必要となる資源について
    - 対策本部の設置場所は確保され、周知されているか。
    - 災害対応備品の棚卸は実施されているか。
    - 緊急連絡手段（MCA無線、WiMAX通信環境等）は使用できる状態か。
    - 非常用発電機の試運転は実施され、燃料も確保されているか。

図表2.43で「BCMSパトロール確認表」の例を示す。

「箇条9.1.2　事業継続手順の評価」ではさらに適用される法令・規制の遵守の状況とBCMS方針、目的等との適合性評価を求めているが、これは「箇条9.3　マネジメントレビュー」で評価することができる。

図表 2.43　BCMS パトロール確認表

BCMSパトロール確認表

確認日：
確認者：

確認項目	確認内容	確認結果(テキスト)	合否（○、△、×）○以外は要フォロー
インシデント対応計画			
1 作成、更新日の確認	最新版であるか、BCM運用記録（議事録など）と照合すること。		
2 保管状況	機密性、完全性、可用性の観点で保管されているか。		
3 要員の確認	直近の組織体制を反映しているか。（所属名、氏名等適切であるか）		
4 要員へのヒアリング-1	インシデント対応計画の発動者及び発動基準を知っているか。		
5 要員へのヒアリング-2	自身の役割・責任について自覚があるか。		
6 要員へのヒアリング-3	自身の役割について、演習を行っているか（向こう一年以内であること）。		
7 要員へのヒアリング-4	役割を遂行するうえで必要な経営資源を準備し、使える状態にあるか。		
8 要員へのヒアリング-5	今年度、BCM教育を受講しているか、または計画があるか。		
事業継続計画			
1 作成、更新日の確認	最新版であるか、BCM運用記録（議事録など）と照合すること。		
2 保管状況	機密性、完全性、可用性の観点で保管されているか。		
3 要員の確認	直近の組織体制を反映しているか。（所属名、氏名等適切であるか）。		
4 要員へのヒアリング-1	事業継続計画の発動者及び発動基準を知っているか。		
5 要員へのヒアリング-2	自身の役割・責任について自覚があるか。		
6 要員へのヒアリング-3	自身の役割について、演習を行っているか（向こう一年以内であること）。		
7 要員へのヒアリング-4	役割を遂行するうえで必要な経営資源を準備し、使える状態にあるか。		
8 要員へのヒアリング-5	今年度、BCM教育を受講しているか、または計画があるか。		
事業継続手順で必要となる経営資源			
1 対策本部	対策本部の設置場所は確保され、周知されているか。（予備の場所も含めて確認）		
2 災害対応備品の保管	災害対応備品は決められた場所に保管されているか。		
3 災害対応備品の棚卸	棚卸は決められた間隔で実施されているか。		
4 災害対応備品の鮮度	備品の鮮度に問題はないか（特に飲料水、非常用食料及び電池）。		
5 緊急通信手段の点検-1	緊急通信手段（MCA無線、WiMAX通信環境等）は動作するか。		
6 緊急通信手段の点検-2	トランシーバーなど社内の連絡手段が動作するか。		
7 緊急連絡網の点検-1	連絡網は決められた場所に保管されているか。		
8 緊急連絡網の点検-2	最新版であるか、直近の人事異動を反映しているか。		
9 非常用発電機の点検-1	所定の場所に保管され、運転マニュアルも備わっているか。		
10 非常用発電機の点検-2	向こう一ヶ月以内に試運転を実施しているか。		
11 非常用発電機の点検-3	非常用発電機の燃料は所定の量が確保されているか。		
12 消火器の点検-1	消火器MAPの記載された場所に消火器があるか。		
13 消火器の点検-2	消火器の有効期限を過ぎているものは無いか。		

Point　「インシデントの記録の重要性」

インシデントが発生し事業継続手順の発動に至った場合、インシデントの収束後、事業継続手順をレビューすることが求められる。

レビューを実施するためにはインシデントへの対応の記録を残すことが重要であり、インシデント対応計画や事業継続計画には記録欄を設けるとよい（「箇条8.4.4　事業継続計画」のインシデント対応計画の作成及び事業継続計画の作成を参照のこと）。

記録が残されていないと、インシデントが収束した後のレ

ビューは記憶をたどるようなものになり、曖昧な部分が残って適切なレビューを実施できない。

記録が残されていれば事業継続手順の適切なレビューが可能となり、改善することができる。

(2) 箇条9.2 内部監査

──── ISO 22301／JIS Q 22301 ────

組織は、BCMSが次の状況にあるか否かに関する情報を提供するために、あらかじめ定めた間隔で内部監査を実施しなければならない。

a) 次の事項に適合している。
1) BCMSに関して、組織自体が規定した要求事項
2) この規格の要求事項
b) 効果的に実施され、維持されている。

組織は次に示す事項を行わなければならない。

- 頻度、方法、責任及び計画に関する要求事項及び報告を含む、監査プログラムの計画、確立、実施及び維持。監査プログラムは、関係するプロセスの重要性及び前回までの監査の結果を考慮に入れなければならない。
- 各監査について、監査基準及び監査範囲を明確にする。
- 監査プロセスの客観性及び公平性を確保するために、監査員を選定し、監査を実施する。
- 監査の結果を関連する管理層に報告することを確実にする。
- 監査プログラムの実施及び監査結果の証拠として、文書化した情報を保持する。

あらゆるスケジュールを含めた監査プログラムは、組織の活動に関するリスクアセスメントの結果及び前回までの監査結果に基づか

なければならない。監査手順には、監査の実行及び結果報告に関する責任及び要求事項だけでなく、範囲、頻度、方法及び力量も含めなければならない。

監査対象の部門に責任をもつ管理層は、検知した不適合及びその原因を除去するために、必要な修正及び是正処置が不当に遅延することなく実施されることを確実にしなければならない。フォローアップ活動には、実施された処置の検証及び検証結果の報告を含まなければならない。

> 求められる成果物　「内部監査の仕組みの構築と文書化及び運用」

BCMSの内部監査はQMS、EMS、ISMSなどの他のマネジメントシステムのそれと基本的に同じものである。ただし、監査チェックリストはそれぞれのシステムで異なる。

■内部監査体制

経営陣の指示を受け、内部監査責任者は監査チーム(通常、複数)を組織する。監査チームは監査計画に従い監査し、結果を内部監査責任者に報告する。内部監査責任者は監査結果を経営陣に報告する。内部監査体制はBCMS構築・運用体制からは独立しているのが望ましい。

図表2.44で「内部監査体制」の例を示す。

■内部監査員教育

内部監査体制があってもそれを構成する監査員の力量が不十分であると適切な内部監査を実施できない。したがって監査員の力量を維持・向上するような教育が必要である。

年に一回以上の監査員教育を実施し、理解度テスト等により監査員と

2.7 箇条9 パフォーマンス評価

図表2.44 内部監査体制の例

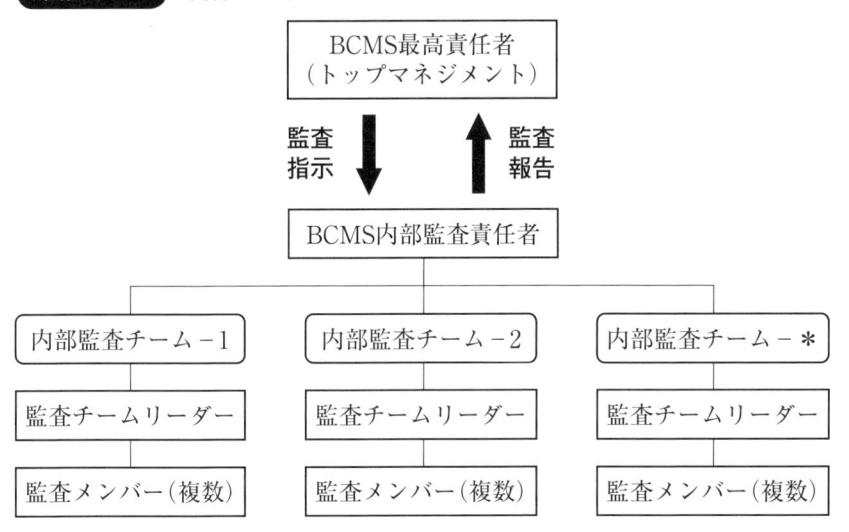

```
        BCMS最高責任者
      （トップマネジメント）
       監査↓    ↑監査
       指示      報告
      BCMS内部監査責任者
    ┌─────────┼─────────┐
 内部監査チーム-1  内部監査チーム-2  内部監査チーム-*
 監査チームリーダー  監査チームリーダー  監査チームリーダー
 監査メンバー(複数) 監査メンバー(複数) 監査メンバー(複数)
```

しての力量が確保されていることを確認する。

図表2.45で「内部監査員教育のアジェンダ」の例を示す。

> **Point 「内部監査の実績」**
> 内部監査員に内部監査を経験させることは良い教育であり、内部監査の実績を記録として残す仕組みがあるとよい。

■内部監査計画

監査計画は年間と個別の計画を作成する。あらかじめ定めた間隔で内部監査を実施することが求められる。

内部監査年間計画書は内部監査責任者が監査基準、監査方針、監査範囲、年間スケジュール等を定め、経営陣の承認を得る。

内部監査個別計画書は 監査チームリーダーが対象部署別に計画書を作成し、内部監査責任者の承認を得る。計画には監査目的、監査対象、

図表2.45　内部監査員教育のアジェンダの例

内部監査員教育アジェンダ（例）
1.　内部監査の位置付け
2.　用語の定義
3.　内部監査員の役割
4.　内部監査の手順
5.　内部監査計画の作成
6.　内部監査の事前準備
7.　内部監査の実施
8.　実施結果報告書
9.　是正処置
10.　被監査部署の責任と義務

望ましくは年一回以上の内部監査員教育を実施し、理解度テスト等により監査員としての力量が確保されていることを確認する。

監査日、監査チーム体制、前回監査での指摘事項のフォロー等を含める。

■監査報告

被監査部署への監査報告は組織の所定の様式により行われる。監査所見、不適合の内容と修正または是正処置の納期等が含まれる。

■是正報告

被監査部署の是正報告は組織の所定の様式により行われる。不適合の原因、是正処置の必要性、是正処置内容、是正処置日等が含まれる。

2.7 箇条9 パフォーマンス評価

(3) 箇条9.3　マネジメントレビュー

> ISO 22301／JIS Q 22301
>
> トップマネジメントは、組織のBCMSが、引き続き、適切、妥当かつ有効であることを確実にするために、あらかじめ定めた間隔で、BCMSをレビューしなければならない。
>
> マネジメントレビューは次の事項を考慮しなければならない。
>
> a)　前回までのマネジメントレビューの結果とった処置の状況
> b)　BCMSに関連する外部及び内部の課題の変化
> c)　次に示す傾向を含めた、事業継続パフォーマンスに関する情報
>   1)　不適合及び是正処置
>   2)　監視及び測定の評価の結果
>   3)　監査結果
> d)　継続的改善の機会
>
> マネジメントレビューでは、次の事項を含む組織のパフォーマンスを考慮しなければならない。
>
> ・前回までのマネジメントレビューからのフォローアップ処置
> ・方針及び目的を含む、BCMSに変更を加える必要性
> ・改善の機会
> ・必要に応じて、重要なサプライヤ及び取引先を含めた、BCMSの監査及びレビューの結果
> ・BCMSのパフォーマンス及び有効性の改善に組織内で利用できる技術、製品又は手順
> ・是正処置の状況
> ・演習及び試験の結果
> ・過去のいずれのリスクアセスメントでも適切に取り上げて

いなかったリスク又は問題点
- BCMS の適用範囲内であるか否かを問わず、BCMS に影響を与える可能性のある変化
- 方針の妥当性
- 改善のための助言
- 事業の中断・阻害を引き起こすインシデントから学んだ教訓、及び実施した処置
- 新しい優れた実践及び指針

マネジメントレビューからのアウトプットには、継続的改善の機会、及び BCMS のあらゆる変更の必要性に関する決定を含めなければならない。また、次も含めなければならない。

a) BCMS の適用範囲の変更
b) BCMS の有効性の改善
c) リスクアセスメント、事業影響度分析、事業継続計画及び関連する手順の更新
d) 次の事項の変更を含め、BCMS に影響を与える可能性のある組織内外の事象に対応するための手順及び管理策の修正
　1) 事業及びその活動に関する要求事項
　2) リスク軽減及びセキュリティに関する要求事項
　3) 事業活動の条件及びプロセス
　4) 法令及び規制の要求事項
　5) 契約上の義務
　6) リスクのレベル及び／又はリスクの許容基準
　7) 資源のニーズ
　8) 資金及び予算の要求事項
e) 管理策の有効性の測定方法

組織は、マネジメントレビューの結果の証拠として文書化し

2.7 箇条9 パフォーマンス評価

> た情報を保持しなければならない。
> 組織は、次を行わなければならない。
> - マネジメントレビューの結果を該当する利害関係者に伝達する。
> - それらの結果に関する適切な処置をとる。

求められる成果物　「マネジメントレビューの仕組みの構築と文書化」

トップマネジメントによるBCMSのレビューをあらかじめ定めた間隔で実施することが求めらる。

マネジメントレビューでのインプット事項及びアウトプット事項は規格で定めており、これらを網羅した報告書様式によってレビューを実施する。

マネジメントレビュー報告書は利害関係者に伝達することが求められる。

図表2.46で「マネジメントレビューの概念図」を示す。

■インプット事項のまとめ方の例

a) 前回までのマネジメントレビューによる処置の状況

　　前回のマネジメントレビューのアウトプットの是正の指示に対してどのように処置をしたか、報告をする。また、問題・課題があれば指摘をする。

b) 事業継続マネジメントシステムに関係する組織内外の事項の変更

　　次の事項について変更の有無を確認し、変更が認められる場合はその影響と組織の対応を含め報告する。また、問題・課題があれば指摘をする。

- 適用範囲及び関連する範囲での組織変更、異動

第 2 章　BCMS 構築のステップと実施例

図表 2.46　マネジメントレビューの概念図

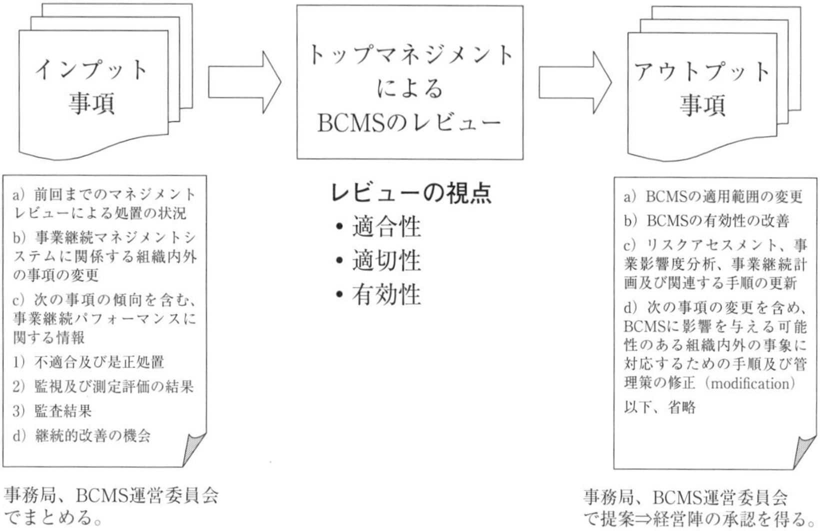

```
インプット          トップマネジメント         アウトプット
事項        ⇒      による            ⇒     事項
                   BCMSのレビュー
```

インプット事項:
a) 前回までのマネジメントレビューによる処置の状況
b) 事業継続マネジメントシステムに関係する組織内外の事項の変更
c) 次の事項の傾向を含む、事業継続パフォーマンスに関する情報
　1) 不適合及び是正処置
　2) 監視及び測定評価の結果
　3) 監査結果
d) 継続的改善の機会

レビューの視点
- 適合性
- 適切性
- 有効性

アウトプット事項:
a) BCMSの適用範囲の変更
b) BCMSの有効性の改善
c) リスクアセスメント、事業影響度分析、事業継続計画及び関連する手順の更新
d) 次の事項の変更を含め、BCMSに影響を与える可能性のある組織内外の事象に対応するための手順及び管理策の修正（modification）
以下、省略

事務局、BCMS運営委員会でまとめる。

事務局、BCMS運営委員会で提案⇒経営陣の承認を得る。

- BCMS に関連する規定・手順書類の変更
- 顧客、委託先、協力会社などの変更
- 法令・条例などの変更

c) 次の事項の傾向を含む、事業継続パフォーマンスに関する情報
　1) 不適合及び是正処置

　　　内部監査で指摘された不適合とそれらの修正または是正処置の状況を分析し報告をする。また、問題・課題があれば指摘をする。

　2) 監視及び測定評価の結果

　　　パフォーマンス評価（例えば、BCMS パトロール）の結果を分析し報告する。また、問題・課題があれば指摘をする。

　3) 監査結果

　　　内部監査全般の結果を分析し、報告する。例えば「文書の最新版管理がしっかりできていない」など組織の弱点として明確な方向性が認められる場合は指摘をする。また、問題・課題があれば

指摘をする。監査結果は、「1)不適合及び是正処置」に含めてもよい。
d) 継続的改善の機会
　a)～c)で指摘された問題・課題があれば、これらに対する改善の提案をする。

■アウトプット事項のまとめ方の例
a) BCMSの適用範囲の変更
　適用範囲で、変更の必要が認められる場合には、トップマネジメントは明確に指示をする。
b) BCMSの有効性の改善
　BCMSのプロセスで、改善の必要が認められる場合にはトップマネジメントは明確に指示をする。
c) リスクアセスメント、事業影響度分析、事業継続計画及び関連する手順の更新
　運用の各手順で、変更の必要が認められる場合にはトップマネジメントは明確に指示をする。
d) 次の事項の変更を含め、BCMSに影響を与える可能性のある組織内外の事象に対応するための手順及び管理策の修正(modification)
　d)の1)～8)の事項で、変更の必要が認められる場合にはトップマネジメントは明確に指示をする。
e) 管理策の有効性の測定方法
　組織の有効性の測定方法で、例えば月次点検やBCMSパトロールの方法に問題・課題が認められる場合には明確に指示をする。

> **Point** 「マネジメントレビュー報告書の様式」
> 　規格ではマネジメントレビューの報告書の様式を定められ

ていないので、インプット及びアウトプットの事項を網羅していれば様式は組織で決めてよい。

> **Point** 「マネジメントレビューの実施要領」
>
> マネジメントレビューのインプット情報、アウトプット情報は事務局が中心になり、組織のBCMS運営委員会等と協議し準備する。
>
> トップマネジメントはマネジメントレビュー報告会の開催前に事務局より事前説明を受けておくとよい。アウトプット情報のなかには次年度の計画へのインプット情報が含まれている場合があるので注意が必要である。
>
> トップマネジメントはマネジメントレビュー報告会を開催して報告を受け、問題がなければ承認を与える。この際、トップマネジメントは指示を追加してもよい。

2.8 箇条10 改善

以下 JIS Q 22301 の箇条 10 について解説していく。

(1) 箇条10.1 不適合及び是正処置

ISO 22301 / JIS Q 22301

不適合が発生した場合、組織は、次の事項を行わなければならない。
a) 不適合を特定する。
b) その不適合に対処し、該当する場合は必ず、次の事項を行う。
　1) その不適合を管理し、修正するための処置をとる。

2) その不適合によって起こった結果に対処する。
c) その不適合が再発又は他のところで発生しないようにするため、次の事項によって、その不適合の原因を除去するための処置をとる必要性を評価する。
1) その不適合をレビューする。
2) その不適合の原因を明確にする。
3) 類似の不適合の有無、又はそれが発生する可能性を明確にする。
4) 不適合の再発、又はほかでの発生の防止を確実にするための是正処置の必要性を評価する。
5) 必要な是正処置を決定し、実施する。
6) （削除）
7) （削除）
　注記　対応国際規格には6)及び7)が記載されているが、下記e)及びf)と重複するために削除した。
d) 必要な処置を実施する。
e) とった全ての是正処置の有効性をレビューする。
f) 必要な場合には、BCMSの変更を行う。

是正処置は、検出された不適合のもつ影響に応じたものでなければならない。

組織は、次に示す事項の証拠として、文書化した情報を保持しなければならない。

・不適合の性質及びとった是正処置
・是正処置の結果

> 求められる成果物：「是正処置の仕組みの構築と文書化及び運用」

是正処置そのものは QMS、EMS、ISMS などの他のマネジメントシステムと基本的に同じものである。

組織の是正・予防規定などがあれば、その適用を検討できる。

> **Point** 「予防処置」
>
> ISO 22301 は ISO（国際標準化機構）が開発したマネジメントシステム規格に対する共通テキストである Annex SL のドラフト版（ISO Guide 83）を用いて開発されたが、Annex SL 及びドラフト版はマネジメントシステム規格は基本が予防処置であるという理由で予防処置を含んでいない。このために ISO 22301 は予防処置を規定していない。

(2) 箇条10.2 継続的改善

> ISO 22301 ／ JIS Q 22301
>
> 組織は、BCMS の適切性、妥当性及び有効性を継続的に改善しなければならない。
>
> 注記　組織は、リーダーシップ、計画、パフォーマンス評価など BCMS のプロセスを使って改善を達成することができる。

> 留意事項：ここで留意すべき事項は次のとおりである。

事業及び事業を取り巻く環境は変化するものであり、リスクも変化するものである。組織は変化を捉え BCMS を継続的に改善しなければならない。

2.8 箇条 10 改善

継続的改善とは、リーダーシップ、計画、パフォーマンス評価など BCMS のプロセスを使った改善を繰り返し行うことである。

マネジメントレビューのアウトプットで年度内に対処できなかった事項は次年度の Plan にインプットすることを忘れてはならない。これも継続的な改善である。

継続的な改善によって、運営管理された BCMS の適合性、適切性、または有効性を向上しなければならない。

> **Point**　「P、D、C、A のサイクルと継続的改善」
>
> 「P、D、C、A のサイクルを回す」とはよくいわれることであるが、JIS Q 22301 では Plan、Do、Check、Act を図表 2.47 のように定めている。
>
> **図表 2.47**　「Plan、Do、Check、Act」
>
> | | |
> |---|---|
> | Plan | 「箇条 4　組織の状況」「箇条 5　リーダーシップ」「箇条 6　計画」及び「箇条 7　支援」 |
> | Do | 「箇条 8　運用」 |
> | Check | 「箇条 9　パフォーマンス評価」 |
> | Act | 「箇条 10　改善」 |
>
> 「P、D、C、A のサイクルを回す」とは「運営管理された BCMS を確実にする」ことであり、継続的に改善するための手段でもある。

第3章
いざというとき役に立つ BCP 策定のポイント
（執筆者：羽田卓郎）

　BCPは、未来に発生する可能性のある事業の中断・阻害を引き起こすインシデントに対し、事業を復旧・再開し、所定のレベルの事業活動を回復するために、あらかじめ準備する行動計画である。そのため、具体的な内容は、それぞれの組織が有する事業の特性と、事業戦略等によって方向付けられ、策定されることになる。したがって、BCMSを理解しても、実践的なBCPの策定手法を知らなければ、本当に役に立つBCPを策定することはできない。

　第2章では、BCMSの要求事項を、構築事例に沿って解説したが、本章では、ISO 22301の「箇条8.4.4　事業継続計画（BCP）」について、さらに理解を深めてもらうために、実践的なBCP策定ポイントを詳述する。

　BCPは、確立された手法が存在しているわけではなく、各組織がさまざまな工夫をしながら策定している。本章では、リスク選好を「大地震」とした場合を想定し、東日本大震災で実際にリコーグループが経験したBCPの発動体験を含め、過去の教訓的事例を踏まえて「いざというとき役に立つBCP」の作り方の基本を解説する。

3.1 BCP(事業継続計画)と CMP(クライシスマネジメント計画)

　コンサルティングをしていると、お客様から、「BCPでは、どのレベルまでの災害に対応しなければならないのか？」と聞かれることが多い。この場合、筆者はBCPとCMPを分けて検討するよう勧めている(厳密にはBCPにCMPの要素は含まれている)。

　BCPが、「ある想定した事態による事業中断からの復旧・継続」を対象としているのに対し、CMPは、「想定外の事態により事業が継続できない組織存続の危機に陥った場合の対応」を対象としている。すなわち、CMPは、「BCPの想定範囲を超えてしまった事態への対処への備えだ」と考えることができる。

　CMPは、組織存続の危機となる事態(例えば、津波予測の最大を超える巨大津波による事業所の流出・全壊、原子力発電所の事故による立入り禁止や停電、広域火災による事業所の焼失等)で、あらかじめ行動計画が立てられない事態に対し、組織がどのように事態に対処(事態の把握と意思決定)するかを定めている。

　しかし、「事業所・工場がすべて破壊されてしまう」「原子力発電所の事故で事業拠点が長期にわたって隔離される」などという最悪の事態を想定したのでは、事業継続のための行動計画を策定することは難しい。

　BCPでは、発生可能性の高いインシデントに対し、一定の目標期間内に事業を復旧可能とすることを目指すべきであり、そのなかで、経営資源の喪失に関しては想定外を可能な限りなくす対応を検討する。そのうえで、万一の場合に備えて、CMPとして、想定外の緊急事態が生じた場合に、組織はどのように事態を収拾し組織の存続を図るかということを定めておくのがよい。

　ただし、いかなる場合でも取扱いの安全性を要求される、危険物(爆

3.1 BCP(事業継続計画)とCMP(クライシスマネジメント計画)

発物、可燃物、毒劇物等)や機微な個人情報等を扱う事業者は、「クライシスが社会的責任を免責しない」ということを前提に対応を検討すべきであり、「想定外」をなくすための努力が求められていると認識すべきである。

BCPでは、非常事態または危機となりうる事態を扱うのに対し、CMPでは、想定外の事態による組織存続への脅威(非常事態または危機)そのものを対象としている。密接に関連していることは事実であり、分けて考えるほうが合理的であるが、BCMSとしては、CMPを含めるべきと考える(図表3.1)。

なお、CMPで扱う事象を「想定外」としたのは、BCPを構築する組織であれば、組織が存続できなくなることを想定したうえで重大なリスク(例:耐震強度不足による社屋の倒壊など)を放置しないと考えるからである。

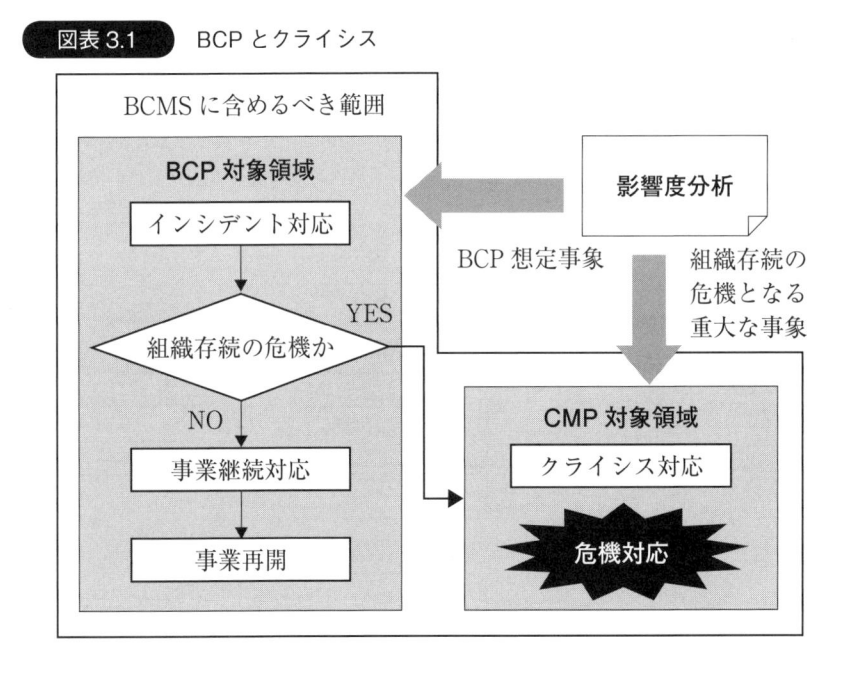

図表3.1 BCPとクライシス

第 3 章　いざというとき役に立つ BCP 策定のポイント

3.2　BCPは事業を構成する各業務間のリレーの継続

　BCPでは、経営資源(要員、施設、設備、情報、資金……等)の確保に着目し、破損した施設及び機材やデータの復旧を思い浮かべることと思うが、重要なのは、事業を構成する業務がそれぞれの役割を遂行して、次の業務へ成果物(物または情報)を引き継ぐことである。

　事業を継続させるためには、事業の目的を達成するために不可欠な業務が、それぞれの活動の成果を後続の業務に引き渡し、最終的な成果物(製品、サービスほか)を利用者(顧客、ユーザーなど)に提供しなければならない。

　この場合、業務の成果とは、原材料や部品または中間加工品であったり、指示書や請求書であったり、情報やタイミング(時間で受け渡す業務の場合)であったりする。また、業務の範囲は、自社内だけでなく、サプライチェーンを構成する外部組織も含まれる。

　事業を構成する業務の成果を次に渡せなくなった状態が事業の停止で

図表 3.2　事業関連の例

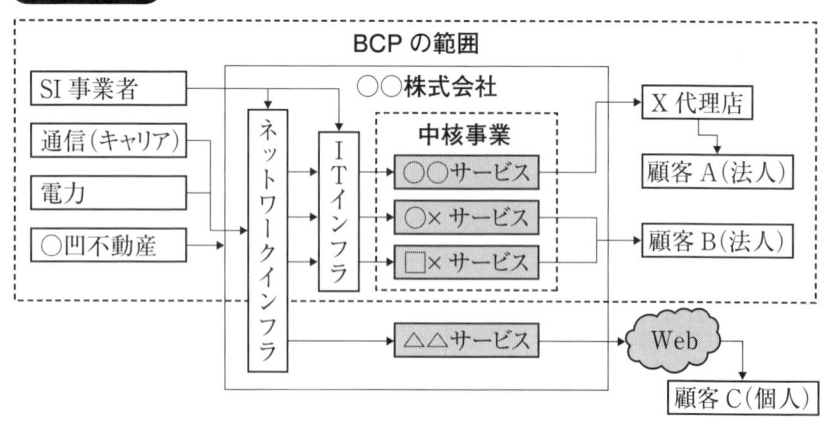

あり、BCPを策定するためには、どのような成果物の受け渡し方法を採用しているのかを知らなければならない。そのためには、**図表3.2**のように事業の関連を図で表し、BCPを適用する範囲を明確にする必要がある。

3.3 事業の評価と優先付け（船頭多くして船、山に上る）

　BCPの発動は、事業の中断・阻害を引き起こす非日常的な出来事（巨大地震やパンデミック等）が現実になっているわけであるから、すべての事業が簡単に復旧できる状態ではない。

　例えば、「施設の一部または大部分が使えない」「要員が大幅に不足し補充できない」「電気、ガス、水道などのインフラが停止し、復旧には長期間を要する」など、各事業が必要とする経営資源が全体として不足する事態が考えられ、例えば、「断水で貯水タンクの在庫を優先1事業のみに供給すれば3日分あるが、全事業に供給すれば、半日でなくなる」という問題が発生する。

　その際、あらかじめ優先順位を決めておらず、それぞれの事業の責任者が勝手に自分の事業のための資源確保に走った場合、事業の中断・阻害に一層の混乱を生じさせ、回復を遅らせてしまうであろう。「船頭多くして船、山に上る」の言葉どおり、各事業の責任者（船頭）がそれぞれ勝手な方向に走っていたのでは、組織（船）は「事業の成果を顧客やユーザーに提供する」という目的地にたどりつけなくなる。

　BCP策定では、最初に、「組織の事業とは何か」について中長期的な事業戦略や、社会的責任、資金繰り対策等、事業を評価するうえでの基準を策定し、客観的な評価で各事業の復旧優先度を定め、各事業の責任者に納得させる必要がある。その際、優先度評価の対象は、事業単位だ

けではなく、事業のなかの製品やサービス単位でも考慮する場合がある。

3.4　事業の構成要素の明確化と許容停止時間／目標復旧時間の算定

事業が阻害・中断されるということは、**図表3.3**のように、その構成要素である業務プロセスの一部または全部が機能しないことが原因である。そして、業務プロセスの一部または全部が機能しないということは、その業務に不可欠な経営資源が不足するか使えないということになる。

図表3.3　事業の阻害・中断の要因

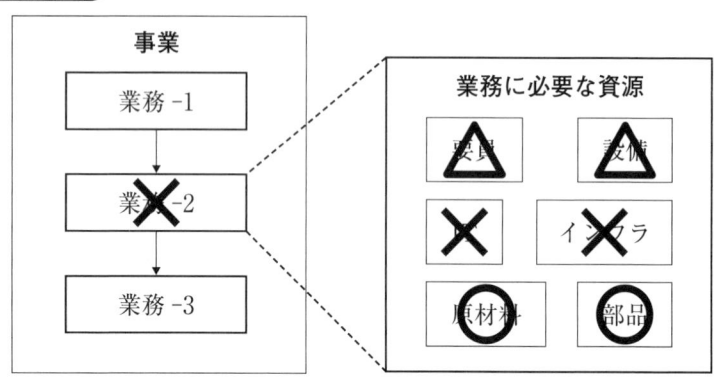

○＝利用可、△＝不十分、×＝利用不可

第2章で解説した事業影響度分析で、事業を支える業務プロセスと経営資源を明確にするように求めているのは、単純に「何かが不足するか使えない」のみに着目したのでは、「何のために必要なのか」「どの時点で必要なのか」「どのくらい必要なのか」がわからないため、BCPを検討するための情報としては不完全で不十分なものだからである。

ここで明らかにしなければならないのは、**3.2節**で記述したように、

3.4 事業の構成要素の明確化と許容停止時間／目標復旧時間の算定

業務の成果をどのように最終目的に繋げているのかである。どの業務が、どの程度停止したら事業の継続に影響を与えるかを見積り、それぞれの業務の許容停止時間を算出し、それに対応した目標復旧時間を決定する。また、ボトルネックを識別し、その解消策を検討することである。

許容停止時間および目標復旧時間は、事業単位に決定したうえで、業務単位にも決定しなければならない。

事業目的(サービスや製品の提供など)の遂行を継続するためには、事業単位に復旧目標を立てる必要があるが、一般的に事業を構成する業務には余裕度の異なるものが含まれている。

例えば、生産が停止していても、充分な製品在庫がある場合は、受注と出荷の業務が継続できれば、顧客に影響を与えずに済む。また、原材料の在庫に余裕がある場合は、生産プロセスが無事であれば、仕入業務が停止していても事業の継続が可能になる。

したがって、ある業務(例：XXX 生産プロセス)の目標復旧時間は、業務の再開に必要なプロセスの復旧時間と、次の工程に渡すことのできる物(中間製品等)の在庫による余裕時間の合計が、目標復旧時間以内になるように設計しなければならない。しかし、生産プロセスは代替生産ができるため早期復旧が可能だとしても、最終工程で、検査機器の一部が損傷したため、完成検査の能力が半分になったとしたら、やはり製品の出荷は延期となり、ここがボトルネックとなる。

事業の許容停止時間は、製品の出荷やサービスの停止が顧客や、利用者／ユーザーに与える影響で決められるが、業務の許容停止時間は、顧客や利用者／ユーザーに直結しているものを除き、前後の業務との関連で決まる。 例えば、生産事業で、原料の加工から組立てまでに複数の工程(業務)が存在する場合、全工程が復旧しなければ、事業全体は回復できない。

このような場合、許容停止時間が短く、最も作業時間のかかる工程を

第3章 いざというとき役に立つBCP策定のポイント

優先し、作業時間が短いか要員の投入などで短縮可能な工程を後回しにするといった復旧目標を立て、事業全体の復旧が最短になるよう考慮する必要がある。

どのように復旧目標時間を決定するかは、その事業の特性と、それぞれの業務の内容によって決まるため、事業の特性とその事業を支える業務プロセスの実態を明らかにすることが重要である。

許容停止時間は、一般的に、製品やサービスの停止が顧客(利用者)に影響を与え、その影響からの復旧が見込めなくなる限界である。**図表3.4**は、目標復旧時間と許容停止時間の関係を業務の流れで説明した図であるが、目標復旧時間は、⑤の停止時間が限界を超えない値でなければならないため、「⑤の停止時間 ＞ [業務A～Dの復旧時間 ｛＝ Max(①～⑤の復旧時間)｝ ＋ 業務A～Dの処理時間の影響]」となる。なお、業務A～Dの復旧はクリティカルパス(業務Cが業務Bより時間がかかる場合は、業務Cの工程がクリティカルパスとなる)やボトルネック(④と⑤のように業務が集中する箇所は、要員などの資源不足が起きやすい)を考慮した最適な順番(全体を最短とする)で行えばよい。

図表3.4 目標復旧時間と許容停止時間

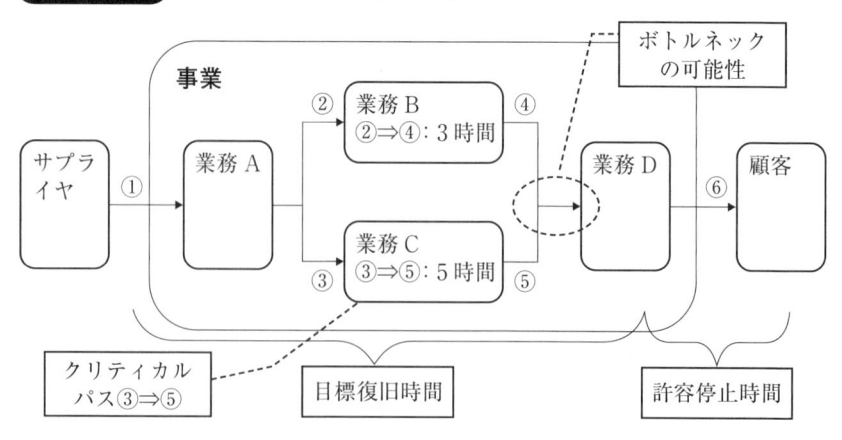

3.5 BCP策定におけるリスク想定の考え方

　BCPには、**図表3.5**で紹介するように、「発生事象型BCP(原因事象型またはシナリオベースBCPともいわれている)」と「結果事象型BCP(機能停止型またはリソースベースBCPともいわれている)」という考え方がある。

　東日本大震災の反省から、特定の被害シナリオにこだわると想定外の事象に対応できないため、「結果事象型BCP」を策定しなければならないという意見が大勢を占めているが、どちらにも一長一短があることから、二つの長所を取り入れた「組合せ型BCP」(本書での呼び方)を採用すべきである。

　例えば、工場の外に漏れ出してはならないような有害物質を扱う工場で、有毒な廃水処理の貯水槽と廃水から有害物質を除去するための装置が設置されている場合を考えてみよう。

　「発生事象型BCP」では、想定される災害シナリオを、たとえば「震度6強の直下型地震が発生し、廃水処理施設の貯水槽が強い揺れで破壊される」とした場合、震度6強に耐えられるように補強するという事前のリスク対策が実施されるかもしれないが、想定外の地震(例えば、震度7)が起きたり、自社の敷地の地盤が周囲よりも軟弱であったり、補強した貯水槽の耐震強度が設計した強度になっていなかったりすれば、貯水槽が破壊されるという、「想定外」の出来事が起きる可能性がある。

　「結果事象型BCP」では、「廃水処理設備が損壊し、有害な廃液が敷地外に漏れ出す」という事態に対する対策を検討することになるので、廃水処理設備が損壊した場合に、「汚染水が敷地外に出るのを防ぐにはどうしたらよいか」を検討し、汚染水の漏えい対策を実施することにより、想定外のインシデントが起きたとしても対策が存在し、事業継続が可能な状態となる状況を作ることができる。

図表3.5　BCP策定手法

BCP手法	概　要	特　徴
発生事象型 (地震や洪水、テロなど具体的なインシデントに対し、その被害想定シナリオに従って策定する)	災害等の種類や規模を具体的な事象として想定し、現在の対策の状況から、事業に必要な経営資源に対する被害とそれが事業・業務に与える影響を分析・評価する。	リスク認識がしやすいが、シナリオと異なる事態(想定外)に対応しにくい面がある。 BCP構築は容易だが、発生事象の数だけBCPを作ることになり、網羅性を高めようとすると工数が掛かりすぎる。
結果事象型 (事業の重要な活動を支える業務プロセスとその業務に不可欠な経営資源に対するリスクに着目して構築する)	発生事象にかかわらず、事業に必要な経営資源が失われた場合に事業・業務に与える影響を分析・評価する。 発生事象型のようなシナリオは作成しない。	想定外は減るが、リスク認識がしにくいため、リスク対策についてどのレベルまで対応したらよいかが曖昧となり、過剰対策または過小対策になる可能性がある。 BCP構築は難しいが、発生事象型と比べると、共通の結果に対する計画を策定することになるため、シンプルである。
組合せ型 (発生事象のシナリオをベースに検討するが、BCP自体は影響を受ける経営資源に着目して構築する)	発生事象型のBCPの手法で具体的なリスクを洗い出し、そのリスクに関連する経営資源を特定する。次に、その経営資源が損なわれた場合に事業・業務に与える影響を分析・評価する。 対策は、具体的なリスクに関連するものは必須対策とし、それ以外の経営資源に対するリスクに関しては、結果の重大性と費用対効果を考慮して決定することになる。	発生事象型のわかりやすさと、結果事象型の網羅性を取り入れることで、効率的で有効なBCPの策定が可能となる。 BCP構築は比較的容易であるが、結果事象に集約する工数が必要である。 発生事象型のように、発生可能性のある災害シナリオを検討するが、BCPを作成するのは、結果事象に対してなので、シンプルなBCPを策定することができる。

このように、発生事象型だけでは、「震度6強対策」だけをBCP対策としてしまう可能性があるが、結果事象型では汚染水の漏えい対策が検討されることで、より高い安全性が確保できると思われる。しかし、発生事象のシナリオ検討がなければ、貯水槽の耐震強度をどの程度にしたらよいかを判断することが難しい。「組合せ型BCP」では、発生事象のシナリオ検討が行われるため、「震度6強の地震対策」がBCP対策として考慮されることになり、合理的な対策レベルを合意しやすくなる。

3.6 BCPの各活動の特性とその設計

BCPでは、インシデント対応(初動対応段階)、事業継続対応(復旧段階)、復旧対応(平常活動復帰段階)の3段階に分けて対応する。

図表3.6は、内閣府が発表している事業継続(BCP)の概念図に手を加

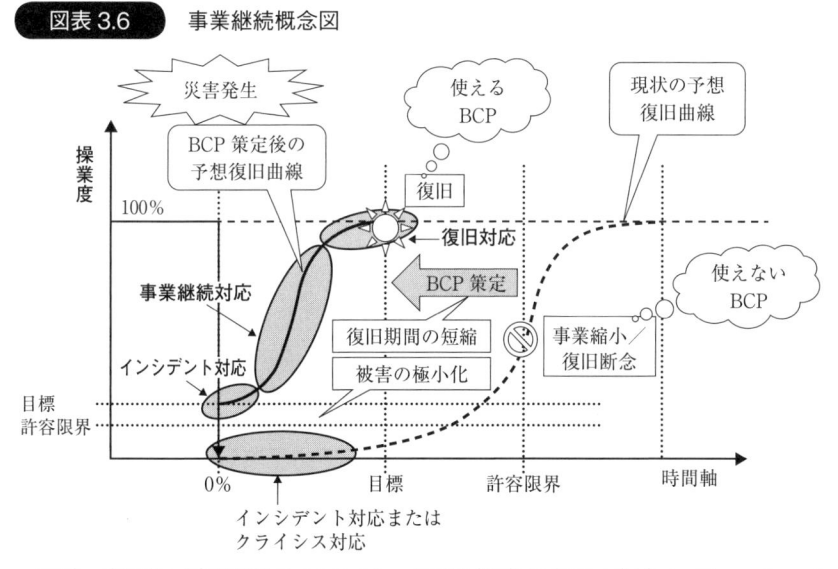

図表3.6 事業継続概念図

出典) 内閣府:「事業継続ガイドライン 第二版(平成21年11月)」(http://www.bousai.go.jp/kyoiku/kigyou/keizoku/pdf/guideline02.pdf)をもとに筆者作成

えたものである。

　災害発生によって事業活動が完全に停止し、経営資源に深刻なダメージが生じている状態(操業度０％⇒クライシスとなる可能性大)になると、その後の復旧が極めて困難となるため、許容限界を見極めそれを超えるレベルで目標を設定する。

　また、時間軸を見ても、復旧に時間がかかりすぎると、顧客が離れたり資金繰りが破綻するなど、平常復帰が困難になる事態が生じるため、許容停止時間(限界)を見極め、目標復旧時間を設定する。

　操業度と時間軸のそれぞれの目標をクリアするために、あらかじめ必要な対策を計画するが、地震を例にとれば、操業度では、初期被害を最小化するため、建物や設備の耐震強化を実施したり、要員の安全を確保するための、防災対策や避難訓練を実施したりすることになる。時間軸では、設備や機器の交換部品を用意したり、故障または損傷した設備や機器の点検シートの準備や、修繕マニュアルを用意したりすることで目標達成を目指す。

　以下に、事業継続における各段階の実施ポイントを解説する。

(1)　インシデント対応(初動対応段階)

　災害発生時に操業度が許容限界以下になり、用意したBCPが適用できない状態になる(例：施設・事業所が全壊または火災で全焼する、等)ということは、その時点でクライシス段階となるため、BCPでは、従来からある「防災対策」がインシデント対応に組み込まれている必要がある。

　発災の初期段階で、事業に必要な建物・施設や要員、設備、インフラ(電気、通信、ガス、水道、輸送、等)が壊滅的なダメージを受けないように、耐震補強や二重化、防火対応などの防災対策や、防災訓練(避難訓練、消火訓練、救護訓練等)などを事前対策として行い、発災時には、

3.6 BCPの各活動の特性とその設計

図表3.7　初動対応の行動計画表の例

	（初動対応）行動計画	手順書・リスト・資源
BCP対策本部	・BCP対策本部集合 ・災害の規模及び被害状況把握 　－災害の規模（施設、設備） 　－従業員安否 　－他拠点（支店、事業所） 　－インフラ（電気、ガス、水道、交通機関等） ・従業員の帰宅／出社／待機の指示 ・対外発表内容検討と問合せ／広報窓口の設置指示 ・事業継続計画対応移行判断	・BCP規定＆行動計画 ・ハザードマップ ・衛星電話、MCA無線 ・TV会議システム、衛星電話、PC、ネットワーク回線、ホワイトボード、模造紙、等本部設営設備 ・被害状況確認チェックリスト
総務・人事部	・発災時の従業員安全確保 ・災害対策本部設置と連絡体制確立 ・従業員安否確認と怪我人等保護対応 ・被災状況確認（建物、社内インフラ等） ・他拠点状況確認 ・外部状況確認と情報収集（近隣の建物、道路、交通、電気、通信、…） ・従業員の帰宅／出社／待機の連絡と災害備蓄品の手配（帰宅社員への配布と待機社員用の準備） ・臨時問合せ／広報窓口設置と要員配置	・BCP規定、BCP対策本部設置マニュアル＆行動計画 ・TV会議システム、衛星電話、PC、ネットワーク回線、ホワイトボード、模造紙、等本部設営設備の準備 ・安否確認システムと利用手順 ・救急用品（消毒薬、包帯、…） ・建物、インフラチェックリスト ・災害備蓄品リスト ・緊急連絡先リスト（電話、FAX、メール等）
製造部（工場）	・発災時の従業員安全確保（工場内の机下もしくは最寄の安全箇所への移動） ・（揺れ停止後）所定の防災処置（電源OFF、各種バルブの閉鎖等）の実施と指定場所への避難 ・指定場所集合と点呼 ・自衛消防隊編成 ・従業員安否確認と行方不明者の捜索、救急・救命活動 ・施設・設備被害状況点検 ・BCP対策本部への報告	・BCP規定、発災時の安全確保＆避難マニュアル＆行動計画 ・構内安全箇所見取り図 ・避難経路図と集合場所略図 ・出社記録／外出記録 ・工場内従業員配置図 ・自衛消防隊組織図 ・救急・救命用具 ・施設・設備被害状況点検チェックリスト ・被害状況報告シート ・BCP対策本部連絡票

注）　以上は組織の一部であり、IT部門や営業部門など関連するすべての組織が行動計画を準備すべきである。また、行動計画が機能するためには事前準備を欠かすことはできない。

人や設備の安全を確保し、状況の把握を行う。

この段階は、具体的な災害の想定ができているため、「いつ、誰が、何を、どうやって行うか」などの、詳細な行動計画を作成し、それを実行するためのマニュアルや行動基準、設備点検リストなどを準備することができる（**図表 3.7**）。

また、行動計画の遂行に必要な資機材も準備しなければならないが、あらかじめ備蓄しておくもの、発災時に優先的にレンタルする契約を業者と締結するもの、発災の後でも調達（購入）できるもの、同業他社と相互に融通しあうことを約束しておくもの、地域の共同体で共同所有しておくものなど、必要な資機材を無理なく効率的に手配することで、必要な資機材が不足する事態を回避する。特に、災害復旧時に必要となるレンタル用品等は、あらかじめ優先契約を締結していない限り先着順で貸し出されることになるので、発災後速やかに被害状況を確認し、素早く必要品を手配する必要がある。

(2) 事業継続対応（復旧段階）

初動対応で、発災後の状況が落ち着いたら、中断した事業・業務を継続するための作業に着手する。

大きな災害などの場合は、利用可能な経営資源の減少や、電気、ガス、水道通信、輸送などの公共インフラの停止などで、事業全体を一気に再開することが困難な場合があるため、利用可能な経営資源と社会的インフラを利用し、部分的な事業の継続を図ることになる。

この段階では、重点事業の継続・再開を優先し、すべてを災害以前の状態に戻すということは後回しとする。

工場であれば、壁や天井、窓などの破損は応急処置（ブルーシート等で覆う）で我慢し、設備の稼動を最優先とする。設備・機器の補修も、完全な状態に戻すことが困難な場合は、必要最小限の機能を再開し、最

3.6 BCPの各活動の特性とその設計

重要事業の継続が可能な状態までもって行く。その際、要員も、必要に応じて、平常時の勤務体制から、優先事業再開のための一時的な臨時勤務体制に移行する。

この段階では、インシデント対応(初動対応)の後で、用意したBCPの行動計画のなかから現状に該当する対応を選択し、具体策を検討することになるため、インシデント対応ほど行動計画を詳細に定めておく必要はない。ただし、設備機器の補修や、システム復旧のための対応マニュアルなどは、一定の知識経験があれば利用可能なように、具体的で詳細なものにしておく必要がある。これは、本来の担当者がその作業ができない場合を想定し、マニュアルどおりにすればできるような作業は、他の要員が代替できるようにするためである。

このようなマニュアルは、誤操作による二次災害を防止するため、内容に誤記や抜け漏れがあってはならないし、記述内容が理解できなければならないので、そのマニュアルの作業を交替要員となるメンバーにテストさせることは必須である。

仮に、仮復旧で事業の縮小期間が長期化する場合、その間、手隙となる従業員の処遇をどのようにするかも考慮する必要がある。休職扱いとして雇用を継続するか、いったん解雇し、全面復旧の際に再雇用するなどが考えられるが、休職の場合には長期化した場合の生活費の問題があるし、解雇の場合は失業保険で生活費を補てんできるが、全面復旧の際に再雇用を希望するかどうかもわからない(失業中に他の就職先を見つける場合もある)。

あらかじめ、行政機関の手続きや法制度などを確認し、災害時における対応方針を検討しておくことで有事の際に素早く適切な対応をとることができる。

東日本大震災では、激甚災害特例で、事業所(雇用保険適用事業所)が休業するため、休業期間中、従業員が働くことができず賃金が支給され

ない場合は、実際に離職していなくても雇用保険の失業手当を受けることができた。

また、被災した事業者が、一時的に従業員を休業させる場合、その状況に応じて、雇用調整助成金(中小企業緊急雇用安定助成金を含む)などの制度もあるので、東日本大震災のケースを確認して、どのような対応策があるかを知っておくことも事業者として適切な対応をとるための手段である。

(3) 復旧対応(平常活動復帰段階)

事業継続計画の実行で、事業の仮復旧ができたら、今度はすべての事業を通常業務に戻すための作業に着手する。また、事業継続計画で一時的な状態となっている業務や、要員体制、設備・機器の状況を確認し、災害以前の状態に戻すための移行計画を作成し実行する。

この段階は、災害発生の前にどのような状態になるか予測が難しいことと、事業継続計画の実施により、充分な検討時間が与えられるため、BCPのなかで想定していた一時的な状況(臨時の指示命令系統や要員配置、バックアップ拠点や設備の利用、その他)からの脱却と、利害関係者への連絡及び調整業務などについて定めておけばよいことになる。

ただし、災害の状況によっては、必ずしもすべてを災害以前に戻すということが適切ではない場合がある。例えば、複数ある工場のうちで、老朽化した工場が大きく損壊したような場合、最新鋭の工場として一新させるか、その工場の生産機能を他の工場に振り分け、老朽化した工場の再開をしないということも考えられる。

平常時にそのようなことを考えて準備をするということは困難であると思うが、経営戦略として、老朽化度を考慮した工場・施設の更新に関する方針を立てておけば、インシデント対応(初動対応)が終了した時点で、「工場・施設の耐用期限が来た」という結果事象に対する方針を実

3.6 BCPの各活動の特性とその設計

行に移せばよいのである。

(4) BCP文書の作り方：シンプル・イズ・ベスト

ISOに限らず、一般に「文書」というイメージは、「XXX規定／標準」や「YYY手順書」のように、文章で書かれた冊子のようなものが多い。

平常時でも分厚い規程やマニュアルを読むのは大変であるが、BCP発動時の混乱した状態で辞書のような分厚いBCPを読んで対応している余裕はない。

BCP文書は極力言葉の説明を省いたシンプルなものにすべきである。

本書では、以下の3つの内容に分け、それぞれを最適な形で作成することを推奨する。

1. **BCP管理規程（管理文書）**：BCPの作成方針と、BCPの維持・改善のためのマネジメント部分（Plan、Do、Check、Act：以下PDCAと記述）について定めたもので、基本方針、用語の定義、BCP推進体制と責任、従業員の行動原則と災害発生時の判断基準、年次活動（教育・訓練、事業継続計画レビュー、BCP文書見直し等）が中心であり、BCPの具体的な行動計画は含まない。BCMS文書のなかに包含してもよい。

    原則として平常時に使用するものであり、発災時には、BCP対策本部の体制の確認等で必要があれば参照する程度の利用となる。

2. **BCP（行動計画表）**：災害やパンデミックなど、事業継続を阻害または中断するインシデントに対する組織の行動を、表形式でまとめたもので、「いつ（例：インシデント対応段階〜復旧段階の3段階。段階の区分は組織が決定すればよい）」「誰が（組織・部署、

図表 3.8 事業継続(復旧)対応の行動計画表の例

	(事業継続対応)行動計画	手順書・リスト・資源
BCP 対策本部	・事業継続方針の決定 　－全社被害状況のまとめと取引先(業者及び顧客)の状況把握 　－優先事業の復旧見通し確認と他の事業の復旧順位の見直し 　－経営に対する影響度予測と事業継続計画の進捗管理 　－経営資源(要員、設備、資金、他)の配分決定 　－従業員の安否確認継続(完了まで) 　－各拠点への復旧対応指示と救援活動の手配 　－各拠点の地域防災組織と連携確認 　－当座資金の確保 　－サプライチェーンの状況把握 ・利害関係者への現状連絡と広報活動	・BCP 規定&行動計画 ・BCP 対外連絡リスト
総務・人事部	・従業員傷病者対応継続 ・従業員安否確認継続 ・建物・インフラ復旧計画の策定と応急対応処置の業者手配 ・外部情報収集継続と地域防災組織及び関係自治体窓口との連携継続 ・被災従業員対策検討と実施 ・仮設トイレの手配	・BCP 規定&行動計画 ・BCP 対外連絡リスト ・従業員安否確認システム ・仮設トイレ：レンタル契約
製造部(工場)	・復旧優先事業の被害状況のまとめと必要資源(復旧対応要員、復旧予算、代替設備等)の確認 ・原料・資材・部品在庫状況把握と供給業者の現状確認及び事業復旧への影響評価 ・破損・損傷設備・機器の修繕計画作成と業者手配 ・電気・ガス・水道等公共インフラの復旧状況把握と事業復旧への影響評価 ・優先事業復旧スケジュール策定と復旧体制構築 ・緊急時生産計画の策定と関係者への通知 ・設備復旧のための重機や測定機器のレンタル	・BCP 規定&行動計画 ・原料・資材・部品在庫リスト ・重要事業復旧手順 　－設備・機器復旧マニュアル 　－緊急時要員体制 ・取引先連絡リスト ・復旧スケジュール工程管理票 ・生産計画管理システム ・重機：レンタル契約 ・測定機器：レンタル契約

3.6 BCP の各活動の特性とその設計

役割、特定の個人等)」「何をするか(実施事項＋BCP 運用手順名)」をマトリクス表で表す(図表 3.7 ～図表 3.9)。

内容は原則として行動を要求される者が理解できるキーワード(例:避難誘導、安否確認、設備被害状況点検等)レベルで記述し、具体的な実施内容は BCP 運用手順で用意する文書またはリスト等で行う。組織全体の行動計画と必要に応じて、部門内の詳細な

図表 3.9 復旧(平常活動復帰)対応の行動計画表の例

	(復旧対応)行動計画	手順書・リスト・資源
BCP 対策本部	・事業継続対応完了確認 ・復旧対応(平常時復帰)可能確認と実行指示 ・復旧対応予算処置承認 ・復旧対応完了確認 ・BCP 対策本部活動結果レビューと BCP 規定、行動計画見直し指示 ・平常活動復帰宣言と BCP 対策本部解散	・BCP 規定＆行動計画 ・BCP 対策本部活動結果レビュー手順
総務・人事部	・従業員安否完了確認 ・従業員傷病者対応の平常業務機能による継続へ移行 ・建物・インフラの復旧対応処置計画策定と予算処置及び業者手配 ・臨時問い合わせ窓口の閉鎖と平常業務復帰の広報(HP への謝辞掲載他) ・臨時勤務体制の解除と平常勤務体制復帰のアナウンス ・BCP 行動計画の実施結果レビューと見直し	・BCP 規定＆行動計画 ・BCP 行動計画見直し手順 ・平常勤務体制復帰手順
製造部(工場)	・復旧対象事業の対処完了確認 ・応急修理設備・機器の本格修繕対応手配 ・要員体制復帰可能確認 ・復旧要員体制解除と平常時勤務体制移行 ・BCP 行動計画の実施結果レビューと見直し	・BCP 規定＆行動計画 ・BCP 行動計画見直し手順 ・平常勤務体制復帰手順

第 3 章　いざというとき役に立つ BCP 策定のポイント

　行動計画を作成することで、利用者は、自分に求められている行動を、「いつ」と「誰が」の交点に書かれた内容で理解することができるため、余分な文書を読む必要もなく、素早くなすべきことを理解することができる。

　発災時に確実に利用できるように、常に最新版をプリントアウトし、すぐに取り出せるようにしておくことが肝要である。

3. **BCP 運用手順(文書、リスト、他)**：2. の BCP(行動計画表)を実行するために必要な、手順書や様式等である。

　BCP(行動計画表)と合わせて使用するため、自分が必要とする最新版をプリントアウトし、すぐに取り出せることが肝要である(図表 3.7 〜図表 3.9)。

　図表 3.10 は、前述の①〜③で解説した BCP 文書の関係を表した図で

図表 3.10　BCP 文書の作成関連

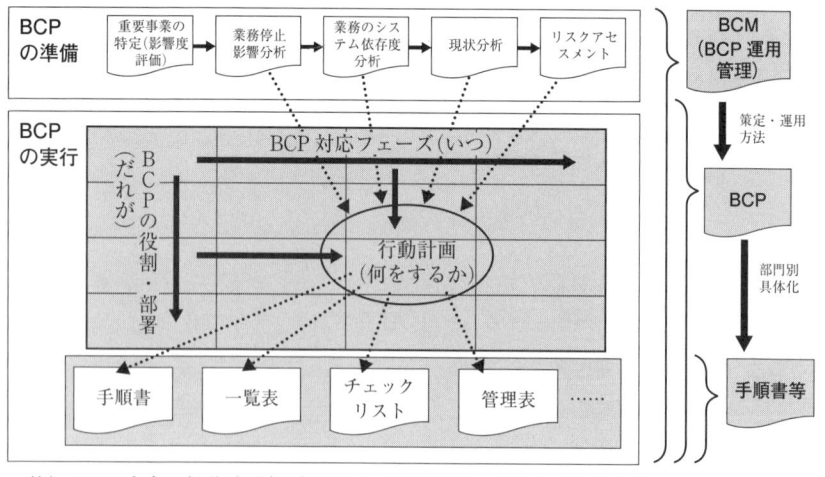

注)　BCP 文書の行動計画(**図表 3.10** の中央部)は、表形式で作成する。

ある。①は図表の「BCP の準備」と「BCP の実行」を管理するための文書、②は図表の「BCP の実行」の上段のマトリクス表、③は図表の「BCP の実行」の下段の手順書などをそれぞれ解説している。この図を見てわかるように、「いつ」「誰が」「何をするか」を記述したマトリクス表(行動計画)が BCP 文書の中心であることがわかる。

インシデント対応(初動対応段階)、事業継続対応(復旧の段階)、復旧対応(平常活動復帰段階)の各段階が、「いつ」であり、BCP 対策本部や総務・人事部、製造部など、役割や組織が「誰」である。「何をするか」は、BCP 準備の活動から導出される。

マトリクス表の行動計画(何をするか)は、②に記述したように、詳細に記述する必要はなく、(「だれ」が)何をすればよいかが理解できるキーワードを作業の順番に列記することで十分である。具体的な手順や、リストなどは、行動計画(キーワード)に関連して必要資源な資源が明記され、その行動計画を実施する要員が使える状態にあればよい。これによって、行動計画表はシンプルで全体の活動を一覧できるものとなり、それを実行する組織や要員は、準備漏れや、作業の漏れをなくすことができる。

(5) BCP行動計画を表形式で作成するメリット

BCP 行動計画を箇条書きで作成することも可能であるが、実際の現場では表形式のほうが利用しやすい。実際に東日本大震災で大きな被害に遭ったが、迅速な復旧を実現した東北リコーでもこのような表形式の行動計画表を作成し活用している。

1. BCP 行動計画が、実施タイミングと役割に結び付いたキーワードでコンパクトにまとめられているため、BCP の管理者は、行動計画表だけで全体の管理が可能であり、担当者は、行動計画表とそこに記載されている作業手順や各種様式を使用して迅速な対

応を行うことができる

2. インシデント対応時点から復旧（平常復帰）段階まで、各段階でやるべきことが、時系列に関連しているため、次の段階で行うことを念頭に置いた対応ができる。また、全体の対応が俯瞰できるため、同じタイミングで他の部署や、役割または特定の個人が何をやっているかがわかり、相互連携がしやすくなる。

3. 行動計画の実施事項とそれを遂行するために必要となる手順書や経営資源を明記することにより、行動計画の遂行に必要なものが漏れなく準備できる。

4. BCPの策定手法に、発生事象型BCPと結果事象型BCPの2つの要素（良い点）を組み入れるため、行動計画表はシナリオの異なる災害ごとに作成する必要はなく、同じ結果をもたらす事象（地震、火災、疾病等）であれば基本的な行動計画は同じであるため、それぞれの事象ごとにまとめた形で整理することができる（例えば、地震のBCPに火災発生を想定していれば、火災対応の部分を明確にすれば、単独のBCPを作成する必要はない。ただし、疾病は、災害対応とは手順が異なるため、別々に作成したほうがよい）。

5. 生産品の違いやサービスの違いはあっても、基本的な業務の流れが同じであれば、手順書や一覧表、チェックリストを差し替えることによって、社内のさまざまな事業・業務に応用が可能である。

第4章
BCPの有効性確保と組織への定着
（執筆者：羽田卓郎）

　BCPは、通常の業務のなかでは対処できない「非日常」の世界であり、普段実施することのない作業や行動は、発災時に実施することを求められる要員全員に継続的に認識させ、理解させるのは大変困難である。

　歴史的な大惨事や大災害の生存者たちを取材してきたジャーナリスト、アマンダ・リプリー氏の著書『生き残る判断　生き残れない行動』（光文社）では、「人間の特性として、強度のストレスにさらされると、思考力、判断力が極端に低下し、過剰集中のため近視眼的な行動に走ったり、感覚麻痺や催眠状態になったりする」と分析している。

　BCPでは、インシデント対応（初動対応）時に、人的及び物的被害を最小化することが、その後の活動を容易にするうえで重要となるが、どんなに有効な行動計画であっても、それを実行する要員が認識し、理解していなければ適切に実施することはできない。

4.1　BCPの有効性確保

BCPの有効性は、以下の2つの内容が適切であることによって確認する。

確認は、運用プロセスのモニタリング(上司又は担当責任者のチェック等)、教育・訓練の評価、演習結果のレビュー、内部監査、マネジメントレビューの各段階において行われる(実施方法は組織で決定する)。

1.「BCPの策定状況」
2.「BCPの運用・維持・改善状況」

なぜ、3.「BCPの実施結果」がないのかは、先に述べているように、BCPは非日常の事態を扱うものであるから、通常の業務のなかでは結果は得られないのである。しかし、「BCPの実施結果」がなければ、「本当に発災時に役に立つのか」という疑問に答えることができない。そこで、実際の災害が起きたときを想定した演習(シミュレーション訓練又は実施訓練)を行うのである。このため、BCPの実施結果は、2.の「BCPの運用・維持・改善状況」のなかで行われるBCP訓練のなかで確認することになる。

1.の「BCPの策定状況」は、**第2章**の「BCMS構築のステップと実施例」の各項目が適切に実施され、**第3章**の「いざというとき役に立つBCPの策定ポイント」に沿った行動計画が策定され、必要な準備ができていることを確認する。

2.の「BCPの運用・維持・改善状況」は、BCPそのものの評価ではなく、BCPを運用し、維持し、改善するためのプロセス(Plan、Do、Check、Actの仕組み)ができていて、実施されていることを確認する。

BCPの有効性は、最終的には「BCPを組織の文化に組み込む」ことで得られるものである。東日本大震災では、小中学児童の避難に対する文化(風習・伝統・思考方法・価値観で世代を通じて伝承されていくもの)

の違いが生死を分けるのだということが、痛ましい犠牲のうえで実証された。

一方は、津波に対する教育も避難訓練も充分ではなく、教師の危機認識の欠如によって大勢の児童の死を招いたが、一方は、繰返し行われた津波の危険性に対する教育と避難訓練で、その学校の文化に津波に対する行動基準が組み込まれていたため、高台へさらに高台へと避難し全員が助かったのである。

(1) BCPの策定状況確認

BCPの有効性は、BCPの構築、運用、監視・レビュー、維持・改善が適切に行われることで得られるものであるが、BCMS(ISO 22301)を採用することで世界標準の仕組みを作ることができる。しかし、形だけ真似をしても有効なBCPにはならない。BCPの有効性を、以下の要件を満たしていることで確認する必要がある。

1. **「組織の理解」**：BCP適用範囲の組織の状況(サプライチェーンを含む利害関係者との状況を含む)が正確に把握できている。
   [POINT]
   a) BCPの目的を明確にし、複数の事業を行っている場合は、事業の優先度を決定する。
   b) 事業の内容によっては、事業全体だけでなく、業務単位の優先度も検討する(事業全体の復旧優先度は低いが、特定の業務だけは早期回復させる必要があるなど)。

2. **「BIA(事業影響度分析)」**：事業・業務の継続に不可欠であるが、発災時及びその後の状況で失われるか利用できなくなる可能性のある経営資源を特定し、それによって生じる影響を組織が定めた基準に基づいて評価している。
   [POINT]

a) 事業全体の業務の流れを確認し、ボトルネックや、クリティカルパス(並行して行われる工程のうち、所要時間が最大となる工程)を見極める。

3. 「リスクアセスメント」：BCP対象の事業及び業務について、組織の状況から、最大許容停止時間と目標復旧時間を割り出し、その事業・業務が停止する原因である脅威に対し、目標復旧時間以内に復旧が可能となるように適切な対策を講じている。
 [POINT]
 a) 重要な事業を構成する業務が、どのような原因・要因で停止・中断するのかを分析し、停止・中断を最小限とするための対策を検討する。
 b) 許容停止時間と目標復旧時間を考慮し、実現可能で効果的な対策候補を検討する。

4. **「事業継続計画の枠組み」**：事業に直接関係する業務とそれを支援している業務の関係を把握し、対象となる事業に関連する業務プロセス全体が継続できるBCPとなっている。
 [POINT]
 a) 事業部門単位に細分化したBCPをバラバラに作るのではなく、組織全体を通して一貫した事業の流れを意識したBCPとする。
 b) 事業に優先度を付けている場合は、発災によって減少した経営資源をどのように配分するか、配分の量(絶対量又は割合)と時期(順番とタイミング等)の方針を定めておく。

5. **「IT-BCP」**：事業継続に不可欠な情報システムとその構成要素(施設、設備、機器、ネットワーク、通信、情報システム、データ、ITスタッフ等)が特定され、発災後の復旧手順が確立している。
 [POINT]

a) 万一その施設やIT機器が損壊した場合に備え、代替のIT機器にバックアップからシステムを復元するための手順とマニュアルを整備し、定期的な復元テストを実施する。

b) IT資源の関係で縮退運転を行う場合、後日、停止させたシステムと縮退運転システムとの情報連携を考慮し、全面復旧時点での処理手順も用意する。

c) BCP発動時に要求される復旧対応では、縮退運転システムの運用と復旧対応という超人的な労力を強いられるケースが多い。ITスタッフを強度のストレスから守るために、実施可能なIT-BCPの策定と定期的な訓練を実施する。

6. 「**BCP体制**」：発災時の非日常的な事態に対処するために、迅速な意思決定とそれを可能にする権限をもったBCP対応責任体制（経営陣主体のBCP対策本部）が確立している。

　BCPの執行体制では、BCP責任体制を補佐するBCP対策事務局（平時はBCMS推進事務局）と、各事業部門及び支援部門においてBCPを推進するBCP対応責任者・担当者が設置されている。
［POINT］

a) 現場が自律的に諸問題に対処できるように、権限移譲を拡大するとともに、行動計画を実施するための判断基準を整備する。さらに、意思決定機能をBCP対策本部に集中し、組織全体の最適化を考慮しつつ迅速な対応ができる体制とする

b) 常駐協力会社の社員のように組織が直接指示命令できない要員や、パートタイマー、派遣社員、アルバイトなど、雇用形態の異なる要員についても、BCPのなかで、それぞれに求められる行動計画を定め、周知する。

7. 「**コミュニケーション**」：BCP体制のなかの、それぞれの役割を遂行するに当たり、報告、連絡、相談、通知、指示などの、コミ

ュニケーションの種類や目的及び、相手先によって必要な手順やそれを可能とする複数の手段が決められている。

[POINT]

a) 発災時には、停電や非常時の通話・通信制限などで、平常時に利用可能なコミュニケーション手段が制限されたり、使用できなかったりするため、その目的と緊急度を考慮したコミュニケーション手段を確保できるようにする。

[非常時のコミュニケーション手段の例]

- 社内(同一敷地内):掲示板(ホワイトボード、黒板、ピンボード)、貼り紙(模造紙等)、回覧、配布メモ、口頭伝達(伝言リレー、拡声器、館内放送等)、イントラネット
- 社内(遠隔地及び施設外):イントラネット、インターネット(SNS、Eメール等)、MCA無線(業務無線システム)、衛星電話、公衆電話、携帯電話(携帯メール含む)
- 社外:衛星電話、停電対応電話(アナログ電話)、インターネット、マスメディア

(2) BCPの運用・維持・改善状況の確認

BCPの運用・維持・改善は、BCMS(BCP)のPDCAサイクルが、適切に計画され、実施されていることで確認する。

この確認は、**第2章**で解説した「内部監査」で行うことが望ましいが、BCMSによる認証を目指していない場合は、自己点検(セルフチェック)で行っても構わない。

BCP策定状況は、演習とレビューでその内容を確認するが、BCPの運用・維持・改善は、BCMS(BCP)の運用規則を定め、そのとおりに実施しているかを確認するのが基本である。

4.2 BCPの組織への定着

「人は、日常経験していないことは緊急時にもできない！」

だから訓練が必要なのである。そして、訓練した結果が適切であることを演習で確認する。

BCPは、一部を除き日常業務では、ほとんど実施することのない行動計画で構成されているため、そのままでは定着することは難しい。組織に定着させるにはBCPで想定している自体が発生したと仮定し、あたかも実際の災害等が起きたときのように行動させてみることによって理解させ、身に付けさせるのが有効である。

■BCPの演習

BCPの演習には、**図表4.1**のように5つの種類が推奨されている。そ

図表4.1 BCPの演習

演習の種類	内容	頻度	複雑性
机上チェック	・内容をレビュー／修正する ・事業継続計画の内容の有効性を検証する	高い	低い
ウォークスルー	・事業継続計画の内容の有効性を検証する		
シミュレーション	・人工的な状況を使用して、事業継続計画に、復旧の成功を促進するのに必要、かつ、充分な情報が記載されていることを確認する		
重要な活動の演習	・通常通りの運営として事業を危険にさらすことのない統制された状況で実施する		
全事業継続計画の演習（IMP含む）	・建物／敷地／立入り禁止区域全体での演習を行なう	低い	高い

注）BS 25999-1「9.3 BCMへの取り組みに関する演習 表1」をもとに筆者作成

れぞれの演習には実施上の目的とそれに見合った複雑性がある。複雑性の高い演習は組織の負担が大きいため、高い頻度ではできないが、机上チェックのような単純な演習では確認できないBCPの課題点を発見することができる。漫然と演習を行うのではなく、何を目的とした演習を行うかによって、それぞれの演習を使い分けることが重要である。

1. **机上チェック**：作成したBCPについて、計画の立案メンバーが机上で内容のチェックを行う。

    簡単に実施できるという利点はあるが、BCPの行動計画が、実際の場面における実行可能性の検証は難しい。

2. **ウォークスルー**：BCPの立案メンバーに加え、BCPの主要な役割をもった実務責任者によってBCPの手順に従って読み合わせを行う。

    実務責任者の参加によって、BCPの実行可能性の確認ができ、部門間の整合性の確認も可能となるが、事業中断のさまざまな状況に対応可能であるかまでは検証することは難しい。

3. **シミュレーション**：ワークショップで、BCP発動時の体制を組み、「人工的な」状況（災害シナリオ等）にもとづくBCPの遂行を仮想的に体験（机上演習）させる。

    実際の場面で遭遇するリアルなシナリオを体験することで、状況判断能力や迅速で的確な意思決定の訓練が可能となる。

    仮想の災害シナリオではあるが、発生可能性の高い出来事について検討と判断を求められるため、発災時に求められる判断や行動をより深く理解することができる。また、BCPの対応方針や基準、手順の不備があればその場で気づくことができる。

    シミュレーション訓練の成果を高めるには、災害シナリオが納得性のあるものでなければならないため、準備には十分な時間をかけるべきである（納得性のないシナリオでは参加者は真剣にな

れない)。

4. **重要な活動の演習**：重要な活動(例えば、重要システムの障害時におけるバックアップシステムの起動等)について、実際の業務に影響を与えない状況(夜間、または休日を利用)で演習を行う。

　この際に、平常時の担当者が不在であるという想定で、代替要員に作業をさせる場合があるが、作業ミスによる不具合が生じないように、作業手順書を作成し、その作業手順書の評価も同時に行うことで、災害発生時の対応力を高めることができる。

　特に、代替要員によるシステムの再起動又は再構築や、代替設備を使用したシステムの再構築では、作業手順書に些細な誤りがあっても重大なトラブルに繋がる場合があるため、徹底的に誤りチェックをしなければならない。

5. **全事業継続計画の演習**：自治体や消防署が行う災害対応訓練のように、実際の施設(代替施設を含む)や設備を使用し、組織全体でBCP演習を行う。インシデント対応から事業の再開のための復旧対応も含めて実施する。

　③のシミュレーションと同様に、仮想の災害シナリオを用いるが、施設、設備、要員等はすべて現実の世界で行うため、参加者は、BCPにおける各自の役割について行動を通じて理解することができる。

　現実の世界で行う演習であり、要員の確保と時間及び空間(複数拠点での進行など)を考慮した現実的なシナリオを必要とするため、事前に周到な準備が必要である。

行動計画では、インシデント対応部分が最も詳細に定められるため、訓練の効果が高い。演習の種類としては、シミュレーションが費用対効果の点で多くの企業に採用されている。

シミュレーションを自社で実施する場合、シナリオの作り方や訓練の

第 4 章　BCP の有効性確保と組織への定着

運用方法などを学ぶために、訓練実施者は事前にシミュレーション訓練の体験をすることが望ましい。また、外部の教育機関に委託することも可能である。弊社(リコージャパン)でも公開研修及び企業内研修の両方を提供している。

第 5 章

BCMS 認証制度と適用範囲
（執筆者：中川将征）

　本章では、**第 2 章**以降で解説された ISO 22301 に関する第三者認証制度の概要を解説する。国内外ですでに前身規格の段階から認証制度は開始されているが、今後は正式な ISO 化を受けて国内でも一層の活用が進むであろう。

　また、事業継続マネジメントの導入に関して最も重要な要素の一つである「適用範囲の設定」については**第 2 章**に加えて、第三者認証制度における認証審査と深く関わることから本章にて詳細に解説しているので参考にしていただきたい。

5.1 BCMS認証制度

(1) 認証制度の概要とメリット

BCMSに関する認証用規格についてはISO 22301が2012年に発行されたが、この認証規格を使用した認証制度については、海外ではISO規格の発行前から英国の認定機関であるUKAS(The United Kingdom Accreditation Service)の元で、ISO 22301の前身の一つといえるBS 25999-2(仕様書)を使ってのパイロット制度が2006年より開始されていた。パイロット制度下ではいくつかの先進企業が名乗りを上げ、率先してBCMSの第三者認証制度の立ち上げにさまざまな形で協力を行ってきた。

一方、日本国内においても、JIPDEC(日本情報経済社会推進協会)を中心として国内の事業継続マネジメントシステムの認証制度の必要性や有効性の検証を目的として、いち早くJIPDECにおいてBCMSに関する実証研究、つまりパイロット制度の立ち上げが検討、開始された。本来JIPDECはその名前のとおり、情報産業を主として対象とした団体といえるが、事業継続というテーマは情報セキュリティマネジメントシステム規格であるISO 27001規格においても要求されるIT-BCP(IT事業継続計画)と深く関係するため、この情報セキュリティマネジメントシステムの認定機関としてISO 27001の認証制度がすでに広く普及していた関係より、JIPDECがBCMSの認証制度についても主導することとなった。このJIPDECのパイロット制度には複数の審査機関がエントリーし、ISO 22301規格の発行までにすでに30近くの企業がBS 25999-2規格を用いて認証されていた。現在はすでにパイロットは本制度に移行するとともに、ISO発行に合わせて制度全体を移行させているところである。制度の全体は**図表5.1**のようにまとめることができる。

そもそもこのような第三者による認証の枠組みは、企業側の需要から

5.1 BCMS認証制度

図表 5.1　BCMS認証制度の概要

認証制度の枠組み

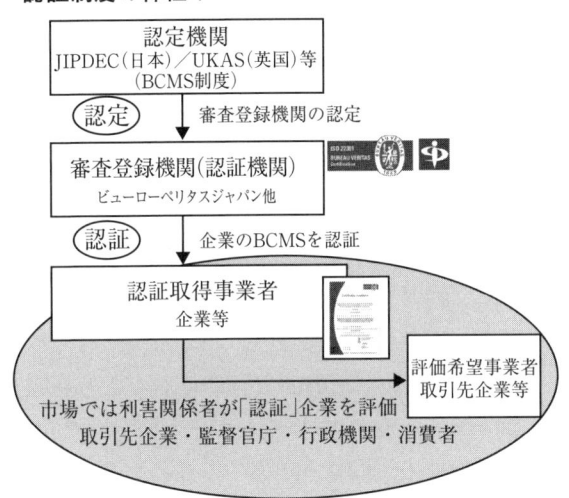

```
        認定機関
   JIPDEC（日本）／UKAS（英国）等
        （BCMS制度）
            │
         （認定） → 審査登録機関の認定
            │
    審査登録機関（認証機関）
    ビューローベリタスジャパン他
            │
         （認証） → 企業のBCMSを認証
            │
      認証取得事業者
         企業等             → 評価希望事業者
                              取引先企業等

  市場では利害関係者が「認証」企業を評価
   取引先企業・監督官庁・行政機関・消費者
```

発生したものである。企業による内部監査を第一者監査とすると、取引先等による二者間で行われるものが一般的にいう取引先監査＝第二者監査、そして、取引先監査に代わるものとして利害関係を排除した独立した第三者機関が行う監査が第三者監査として制度的に発展してきた。

　言い換えれば、第三者認証制度とは、例えば500の取引先をもつ企業がそれらの取引先から同じように500回監査を受ける非効率さを回避する仕組みである。そのため、共通の基準や制度にもとづいて実施された監査行為は他の企業（あるいはサプライチェーン）においてもそのまま活用できたり、評価されるという特長により発展してきたものである。

　昨今では残念なことに、これまでのISO 9001やISO 14001を含むISOの第三者認証制度の有効性に対する疑問から、このような制度としての発展の背景を踏まえずに、単純に企業にとってのコスト負担としての認識からのみ第三者認証制度の是非が議論される風潮がある。しか

し、本来第三者認証制度とは事業者である企業側のニーズから発展してきたものであり、サプライチェーン全体での効率化はコスト負担減を目的としている側面もあることは忘れるべきではない。マネジメントシステム規格そのものはあくまでも道具にすぎない。道具を良くしても、ただちに料理の腕が上がるわけではないのと同様である。「組織が当該規格を活用して何を行いたいのか」という明確な意思をもたない限り、マネジメントシステム自体が本来の効果を発揮することはありえない。

事業継続マネジメントシステムの第三者認証メリットに絞って考えてみると、第三者認証の活用について以下のようにまとめることができる。

認証は組織の各ステークホルダーに対して、

1. 主要な製品・サービスが継続的に提供可能なことを客観的に示す。
2. 適用法規制や契約要求事項が遵守されることを客観的に示す。
3. 規模の大きな組織を考える際には、組織全体でのBCM導入のレベルに統一性をもたせる。
4. 組織の株主利益、評判(レピュテーション)、ブランドを保護・育成する。
5. サプライチェーンリスクの低減に効果がある。
6. 組織内外の監査の負担を削減する。
7. 保険料低減などによりコストを削減する。
8. 第三者による改善機会の特定によりシステム及びパフォーマンスを向上する。

実際、BCMS認証を活用する最大のメリットは、BCMSというテーマを考えるうえで不可欠なサプライチェーンマネジメントについて、そのリスクをより明確化し低減することにより、SCMの管理レベル向上を図ることができるという点、また、それを第三者の視点から定期的に確認できることにより、形骸化を防ぐという点が大きいといえるだろう。サプライチェーンの構造や広がりはより拡大し、深く浸透するとと

もに、相互依存度は非常に高くなってきている。これは換言すればビジネスプロセスの冗長性が減少し、リスクマネジメントの観点からいえば、リスクの所在が不明確になり、かつ、個々のプロセスは一層脆弱な状態になっているといえる。BCMSに取り組むことは、これらのリスクとインパクトを認識するとともに優先順位を明確化し、定期的に内部及び外部のレビューの目を通すことにより、組織としてのリスクセンスの向上を継続的に図るということである。

　また、この規格は「事業継続」という非日常的テーマを主として取り扱うものであり、本質的には他のマネジメントシステムよりも形骸化しやすいという側面をもっている。これは古来より日本という災害大国でさまざまな自然災害に見舞われるなかで培われた民族的特性ともいえよう。日本人は災害への対応力は基本的に優れているが、同時に、喉元過ぎれば熱さを忘れるという悪い意味での順応性も高いとよく海外メディアからも指摘される。2011年3月11日の東日本大震災、また、それに引き続き発生した原発事故などでは、その実態が明らかになってくるにつれ、その前のさまざまな災害からの教訓が活かされていなかったという事実も出てきている。これらを鑑みると、このように第三者が関与する認証という制度を活用することの一つの意義として、副次的メリットではあるものの組織内部に対して見直しや改善を行う外圧的な活用や牽制効果があることも否めない。

　このように、BCMSの活用及びその認証については議論の余地なく、経営者にとっては必須の経営課題であり、昨今の自然災害の想定シナリオの変化を見るに、喫緊の課題として一層その重要性が増しているといえるだろう。BCMSとは、「将来災害が発生し影響を受けるかもしれないという「不確実」なシナリオに対して、今企業としては何をなすべきかという考え方である」という認識に立てば、BCMSの活用は、組織として「事業継続」に対するステークホルダーに対するコミットメント

であり、組織としての競争優位性を確保し存続を果たすための、不確実性に対する戦略的判断であるということができるだろう。

(2) BCMSの受審条件

ISO 22301の認証を取得しようという組織に求められる受審の要件は要約すると以下のとおりである。

1. 適切な適用範囲が設定されているか(適用範囲の組織にとっての重要プロセスや重要拠点が除外されている等の不適切な適用範囲は認められない)。
2. ISO 22301要求事項を満たすBCMSが設定された適用範囲内に適切に構築され、導入され、運用されているか(要求事項遵守が確認できるシステムがあるか)。
3. 受審へ向けて、組織のBCMSにおけるPDCAサイクルの運用が確実に確認できるだけ十分になされているか(BCMS運用状況を確認、判断できるだけの運用された客観的証拠(エビデンス)があるか)。

最も重要な要素は、組織が自らの事業継続のための「適用範囲を適切に設定する」ことであるが、これは最も重要な作業の一つであるため別途詳細を後述する。

次に、「ISO 22301要求事項を満たすBCMSを構築し、導入し、運用すること」については、すでにISOの他の規格に理解のある方々には十分イメージできると思われるが、BCMS文書体系を整備し組織のなかに導入することである。ここでの留意点は「実務との融合」を意識してBCMSを導入することにある。BCMSというテーマは非常に幅広く、防災、リスクマネジメント、サプライチェーンマネジメント、IT＆セキュリティ、品質、環境、労働安全等々、さまざまな要素が複雑かつ密接に関係する。また、これらマネジメントシステムに馴染みのある組織

の他、危機管理という意味では広報や、人事総務等にもすでにさまざまなプロセスが存在するだろう。BCMSとは非常時において企業経営をいかに効率良く運営するかという全体的な取組みであり、その意味では企業経営に必要とされるリソースのすべてに何らかの形で関係するテーマである。一人のトップの頭のなかですべての優先順位が整理されており常に即応できる中小あるいは零細企業を除き、それらの広範なテーマに対して特定の「事務局」がすべてを戦略的にハンドリングできることなど、通常の組織ではありえない。したがって、BCMSを実効性のあるものとするためには、規格に準拠したマネジメントシステムを作るということではなく、すでに組織のなかで実証済みの実効性のあるシステムやプロセスを、BCMSという鍵となるISOのコンセプトの元に再構築し取り込みを一体化することが最も重要な構築プロセスといえるだろう。この点については、これまでの自社のISOが「ISOのためのISO」となっていると認識している組織は、特に留意をすべきであろう。なぜなら、BCMSは先に述べたとおり、元来形骸化しやすい非日常のテーマであるからだ。BCMSを組織のなかにいかにリアルに取り込み、継続的に組織のリスクセンスを含む対応力や復旧力を向上させるか、という取組みであるため、組織としてBCMSを明確に活用する意志がなければ、ただちにまったく無駄なシステムとなってしまう。

　最後に、マネジメントシステムの受審に際して求められることは、組織が構築したシステムが、その運用面において有効か否かを判断するに足る、十分な運用の実績をもっているかどうかという点である。一般的に言えば、ISOの要求事項のPDCA、つまり内部監査やマネジメントレビューが終了していれば、審査機関としてはすべての要求事項の遵守状況の確認は可能であるため、審査を受けることに支障はない。これは原則として審査前に最低何カ月運用しなければならないのかという制度上のルールがないため、原則としてBCMSも他のマネジメントシステ

ムと同様、「審査を受けるに足る十分な運用実績」という言葉で定義するほかない。しかし、これまで述べてきたとおりBCMSというテーマは「非常に広範かつ、非日常のテーマを日常的にどのように管理するか」というものであるため、その関与する人数や機能も多岐に渡ることが想定される。したがって、決して受審を焦らずじっくりと身の丈に合った取組みとして着実にBCMSの運用を行い組織としての経験値を上げることをお勧めする。

また、運用実績の議論の際に「演習はどの程度実施されていればよいのか」という質問をよく受ける。演習についての要求事項は、演習を計画し実施し、見直しを行うことであり、その幅も深さも規定にはないため非常に難しい質問だが、審査において確認すべきポイントは「事業継続計画に対する有効性を確認し高めるため演習の枠組みが機能しているか」という点であり、その意味では例えばBCPの演習といいながらインシデントマネジメント、いわゆる危機管理フェーズの演習のみが行われている場合はそれだけでISO 22301の要求事項を確認することは不可能であろう。

では、BCPが災害シナリオ別に作成されており、そのうちの感染症に対するパンデミック対応を想定したBCPの演習はされているが、一方で地震災害対応の演習は実施されていなかった場合はどうだろうか。あるいは、演習の形態としてすべてデスクレビューの形のみであったとしたらどうだろうか。または実施しやすいIT-BCPの部分だけ演習が実施されていたとしたらどうだろうか。

結論として、この質問に対する画一的な解答はない。組織のBCPの構成や種類などによっても審査時に採用すべきサンプリング方法は異なるうえに、そのサンプリングの「数」そのものが意味をもつのではなく、演習によりBCPの有効性を組織がどのように判断し、次の活動につなげているか、その「プロセスの有効性」を審査では見たいのであり、そ

こが繋がっていない事例などをいくつみたところで有効な BCMS 審査にはなりえない。

　この辺りの解釈についてはまだ規格が発行されて間もなく、認証の実績もまだ少ないため当面は各審査機関によっても多少解釈や方法がバラつくであろう。しかし重要なポイントは、演習プロセスを通じての組織の BCMS の有効性の確認であり、審査機関のみならず組織の内部監査もそこに焦点を合わせて監査を行うべきである。

(3)　BCMS認証審査のアプローチ

　BCMS 認証審査は、他の ISO の規格に比して非常に難易度の高い審査技術を要する。ISO 9001 や ISO 14001 等のように、日々のマネジメント活動に直接的に関係する「日常」を対象とした仕組みではなく、インシデントが発生するという「非日常」や「緊急」の事態が発生した際に柔軟に動けるように、「日常」的にどのようにマネジメントするかという取組みであり、この概念を肌で理解するには時間がかかる。また、その対象とする領域も非常に幅が広いため審査をする側にも総合的な視野をこれまで以上に要求する。

　実際、BS 25999 が世に発行された際にも、ベテランの主任審査員や審査機関の関係者からでさえ「非日常のテーマのマネジメントシステムをどのように有効性を審査するのか」という質問が多く寄せられたものである。くれぐれも勘違いしてはならないことは、このマネジメントシステムは「非日常」時に機能するマネジメントシステムを指しているのではないということである。あくまでも、「非日常」の際(「有事の際」と言い換えてもよい)に、組織がどのように柔軟に対処し、ダメージを最小化し、速やかに復旧・回復するかという、その「準備をする仕組み」そのものを指すのである。これは、日々のマネジメントのなかでその「準備」を継続的に管理し改善することによって、最終的には組織とし

ての対応力、つまりリスクセンスを向上させるための、日常的かつ永続的なマネジメント活動である。したがって、防災活動ではないうえに、BCPはBCMSを動かした結果の一つの成果物にすぎず、「BCPを作成して終了」ということではないことに留意いただきたい。

それでは具体的に、BCMSの審査とはどのようなアプローチで行われるべきかという点をまとめると、以下のように整理できる。

事業計画に関する基本的なアプローチは……

1. 組織が何を目的としているのか(何を達成したいのか)。
2. 目的をどのように実現させようとしているのか(どのような手法で、どんな目的で)。
3. 目標を達成できたかどうかをどのように判断しているのか(測定、評価はどのように)。
4. 取組みが選択可能な最良の方法であると組織はどのように判断しているのか(継続的改善、有効性)。
5. 組織は成果をどのように判断しているのか(妥当性)。

つまりBCMS審査とは、個別のBCPのレベル判断を行うものではなく、組織が行った事業影響度分析(BIA)やリスクアセスメント、事業継続戦略の決定など、各種のBCMSのプロセスや、作成された組織の事業継続計画の構成要素がISOという「ベストプラクティス」が求める要素を満たしているかどうか、そして、組織が目指す事業継続目的を確実に達成できるように、組織の事業継続計画は実証(＝訓練や演習及び定着化)されるよう、マネジメントプロセスに落とし込まれて運用されているかどうかを審査するものである。

今でもまだ誤解されがちだが、ISOのマネジメントシステムとはあくまでもプラットフォームにすぎず、そのマネジメントフレームワークを活用して「どのようなBCMの体制を作るのか」「どのようなBCPを作るのか」は組織の裁量の範疇である。この意味においてすでに発行され

ているさまざまな有益なガイドライン等を積極的に参照し、組織のBCMSというフレームのなかに取り込まれる組織の事業継続能力を強化することが望ましい。

5.2 BCMS 適用範囲
(1) BCMSにおける適用範囲の考え方

BCMS の導入を検討する際の最初の難関は、適切な適用範囲の設定である。当然のことながら、適用範囲設定についての適切なガイドというものは存在しえない。適用範囲は組織の規模や業種、対象とするそれぞれの利害関係者の期待値等々、それぞれのビジネス環境によって当然変化する。国内の特定の地方の1拠点だけでビジネスを展開している中小企業と、グローバルにビジネスを展開している大企業とでは自ずとその対象として認識すべきインシデントの種類やリスクの種類も異なるうえ、権限の及ぶ管理範囲も異なるであろう。

したがって、ここでは適切な適用範囲の設定を行うための考え方とポイントを ISO 22301 規格を含めて、マネジメントシステム規格の考え方をベースに整理したい。

まず一般に、マネジメントシステムの適用範囲は、基本構成として以下の情報で規定することができる。

  1. 組織(Organization)
  2. 所在地(Location)
  3. 活動／製品(Activity／Product)

中小企業の場合はそのまま「会社」という単位であるかも知れないし、大企業は「事業部」といった単位でのBCMSという話もあるだろう。この「組織」の大きさや範囲は原則として組織がBCMSを導入する目的に鑑みて、適切な対象範囲を決めればよい。所在地についても、国内

拠点を対象とするBCMSという考え方も成立はするし、グローバルでのBCMSという取組みもある。所在地とは地理的な範囲であり、BCMSを考えるうえで、特に日本においては地震災害のリスクを考慮すると慎重に検討する必要があるだろう。そして活動や製品という視点からは、「具体的にどの事業が最も時間的に優先して復旧しなければならないか」ということを組織のビジネス環境の分析からその優先順位を決定しなければならない。

簡単に言ってしまえばこれですべてだが、ISO 22301規格では具体的に箇条4.3で適用範囲の設定について詳細に求めている。

ISO 22301 / JIS Q 22301

（以下要約）
4.3 事業継続マネジメントシステムの適用範囲の決定
- 適用範囲を決定するに当たって、組織は「組織内外の事項」を考慮しなければならない。
- 同時に、「利害関係者のニーズ及び期待を理解」しなければならない。

そしてこれらさまざまな要素を考慮し、適したBCMSの適用範囲を定め、もし除外事項があるなら、除外の理由を説明できるようにしなければならない。また、除外によって、組織が本質的に求められる「事業継続能力」に影響を与えてはならない。

ここでの重要なポイントは、組織の「ビジネス」からの視点と、「利害関係者の期待値」からの視点とを適切に把握し、組織の取組みをバランスさせるというアプローチを求めていることである。これはCSR（企業の社会的責任）マネジメントを導入するアプローチと基本的に同じで

ある。利害関係者からの期待値と、組織の取組みにギャップが大きくある場合、それは結果としてそのまま、組織が抱えるリスクと認識することができる。したがって組織はまずそのギャップの有無を認識し、ギャップがある場合、「組織の取組みレベルを向上させるのか」あるいは「期待値を低減してもらうのか」どちらかのアプローチをする必要があるだろう。BCMSも同様に、ビジネス上の視点からの選択が、必ずしも利害関係者の期待値とはそぐわない場合があることに留意しておく必要があるだろう。

例えば、ある金融機関におけるBCMS構築プロジェクトの事例をあげよう。ビジネスインパクト分析を行った際の当初想定では、B2Bの法人部門の売上構成比が圧倒的に高く、いわゆるB2Cの一般顧客相手の売上は非常に小さいため、最優先に復旧が求められる製品・サービスはやはりB2Bであろうと想定していた。しかし、「ビジネス」視点に加えて「利害関係者の期待値」を多方面から考慮した結果、「信用」で成り立っている金融機関にとっては、たとえインパクトが企業にとっては小さくても、「現場のATMを止めない」という当たり前のことが非常時だからこそ重要である、という結論に至った。

阪神淡路の震災の際には、大蔵省(当時)と日本銀行は、震災日の当日付けで被災地の罹災者に対する金融上の特例措置として以下のような指示を発した。

①通帳・証書を紛(焼)失した場合でも預金者であることを確認して払い戻しに応じること、②届出のない印鑑の場合には拇印にて応ずること、③定期預金などの期限前払い戻しに事情考慮して応ずること、④地震による障害のため支払い期日が経過した手形については関係金融機関と適宜相談のうえ取引できるようにすること、⑤汚れた紙幣の引き換えに応ずること、等々の指示を発し、かつ、これを店頭に掲示させた。また、預金者への支払いに支障をきたさぬよう現金は通常の3倍保有する

第 5 章　BCMS 認証制度と適用範囲

など、さまざまな手を打ち、結果として金融パニックを抑えることができた。

　このような例はいわゆる規制当局が率先主導し、金融機関という組織の公的性格や影響度合いを踏まえて行った危機管理対応の延長線上にある事例だが、事業継続の適用範囲を考慮する際に参考となる考え方の好例といえる。組織は、自らの組織がもつ特性、特に公益性や社会との関係性をあらためて認識・把握し、「緊急時に何が求められているのか」「何を期待されているのか」を理解したうえで、BCMS 適用範囲の設定を検討する必要がある。一般には、特に災害時には重要インフラ産業、金融のみならず電力、ガス、水道、通信等のライフライン系統や、医療、建設、流通、物流も非常に重要な「公益性」をもつ産業といえるだろう。自治体等、官の組織であればなおさらである。

(2)　適用範囲設定のためのポイント

　前述のとおり、BCMS の適用範囲は「ビジネス」視点と「利害関係者の期待値」の視点が必要となるが、これらは以下のようにまとめられる。

■適用範囲の検討ポイント（BCI Good Practice Guideline 2010 より抜粋）
  1. 顧客の要求事項
  2. 規制または法律上の要件
  3. 他の工業用サイトや洪水などといった物理的脅威に隣接するような、リスクが高いと認識される場所
  4. 組織の収入において非常に大きな割合を占める製品
  5. 販売終了間近の製品及びサービス（供給が中断した場合は終了となる）
  6. 利幅の少ない製品及びサービス（終了もしくは外部委託の可能性がある）

5.2 BCMS 適用範囲

7. すべての主要なステークホルダーの見解
8. 製品供給の中断及び終了によって誘発される風評被害
9. リスクアセスメントの妥当性
10. 規制対象となっている活動に対する規制の影響

このように、まず最初に検討すべきは組織の戦略や目標、企業文化などを理解するとともに、対象とする製品やサービスの市場やサプライチェーン、バリューチェーンにおける状況、および利害関係者の期待値等から、①どの組織、②どの場所、③どの活動・製品・サービスという枠を決定することができる。

次に、適用範囲の検討段階では外部組織との依存関係を把握する必要がある。具体的にはISO 22301では箇条8の「ビジネスインパクト分析」のなかで認識し、評価されることが求められているが、依存度の把握は適用範囲の設定にも大きく関係する要素である。

BCMSという仕組みが取り扱うテーマはその特性上、組織単体では完結しない場合を常に想定しなければならない。現代のビジネス構造はITの発展に伴ってビジネスプロセスが複雑になるとともに、そのスピードは加速し相互依存度はますます高まってきている。選択と集中や効率化の過度な推進のために、ビジネスプロセス全体ではかえって脆弱性を高めている例も少なくない。現代経営においてはむしろ組織単体でハンドリングできる要素のほうが少なく、さまざまな意思決定は多くの場合、高度な相互依存関係のなかでの複雑な意思決定プロセスを経てなされている。

そのような環境下では、組織が達成しようとする目標の「復旧能力」を組織単体では担保できないことが往々にして存在する。多くのアウトソーシング先やサプライヤーなどとの密接な連携なしに、事業継続能力を実証し改善することは難しいものである。したがって、適用範囲の設定時には

1. 自社の BCMS の「内部」での管理対象とするか
2. 自社の BCMS の「外部」での管理対象とするか

という点を考慮しなければならない。

アウトソーシング先やサプライヤーの活動レベルを、自社の内部に取り込む場合は、多くの場合はサイト内の構内事業者やグループ企業などになると考えられる。BCMS はマネジメントシステムであるため、それらの外部組織を組織の「内部」として管理するということは、具体的にはそれら外部組織の指示命令系統は当該組織に明確に組み込まれ、教育訓練や演習、内部監査やマネジメントレビューの対象にもなるということである。

一方、そこまでの管理が実務的に困難な場合は組織の「外部」として位置づけたうえで、製品やサービスなどの提供を受けるレベルを契約レベルの取り決めで間接的に管理する、いわゆるマネジメント・コントロール(管理対象に対する動機付けや行動が、組織の目的に合致するようにまとめる仕組みやプロセスを指す)の形態が必要となるだろう。具体的には、「計画管理」「パフォーマンス報告」「評価」「インセンティブ」といった基本となる構成要素を、サービスレベルアグリーメント(SLA)等で規定し管理することである。これらの外部委託先管理の方法や考え方の例としては、以下のようにまとめることができる。

■外部委託管理のポイント(BCI Good Practice Guideline 2010 より抜粋)
1. 新規の外部委託業者の事業継続能力に対する事前評価プロセス
2. 現状の外部委託業者の事業継続能力のモニタリングと継続的評価のプロセス
3. 求められる事業継続能力に関し、文書及び契約条件への明文化
4. より詳細な対応を規定するサービスレベルアグリーメント(SLA)
5. 外部委託先の BCM 研修、啓発及び演習への参加

6. 外部委託先への監査権を含む契約条件

7. 外部委託先の演習結果の文書化要求

　通常のビジネスにおいても購買管理のプロセスでサプライチェーンを評価する枠組みなどは、まさにこの管理形態に当たるものであるし、ISOの世界でもこのマネジメント・コントロールという概念は非常に一般的である。要するに、「目標復旧時間を組織が定めても、その自社のプロセスに外部組織が重要な役割を果たしており、自社の事業継続能力へ大きな影響を与える場合は、当然何らかの管理を必要とする」ということである。自社の目標復旧時間と外部委託先の事業継続能力が連動していない場合、その組織の目標復旧時間は絵に描いた餅にすぎず、最終的な事業継続目標を達成できない。また、通常の法律や規制上の要求はどのようなものであれ、「基本的には外部委託サービスに対する最終的な責任は、常に委託元の組織にとどまる」と解釈されていることを認識しておくべきである。

　これらに加えて「除外」という考え方とともに整理すると、以下の図表5.2のように整理することができる。

　ある組織がBCMSの対象として製品Bを対象として、製品Aは除外した場合、それらの製品に関係する各活動の3、4、また、それらを支えるサポート活動である活動の5、6は適用範囲から除外はできない。当然のことながら、製品Bを構成する要素であるためである。さらに、前述の「外部委託先」管理という意味では、外部組織よりサービスXの供給を受けており、このサービスが製品Bを構成する要素であるならば、サービスXは何らかの形でマネジメント・コントロールがなされなければならない。繰り返すが、組織のBCMSの目的は事業継続目標の達成であり、その「能力」に影響を及ぼす活動は管理されねばならず、その手法には、外部委託先に対する監査等を含むさまざまな手法が考えられる。

図表5.2　適用範囲の考え方（BCI Good Practice Guideline 2010 より）

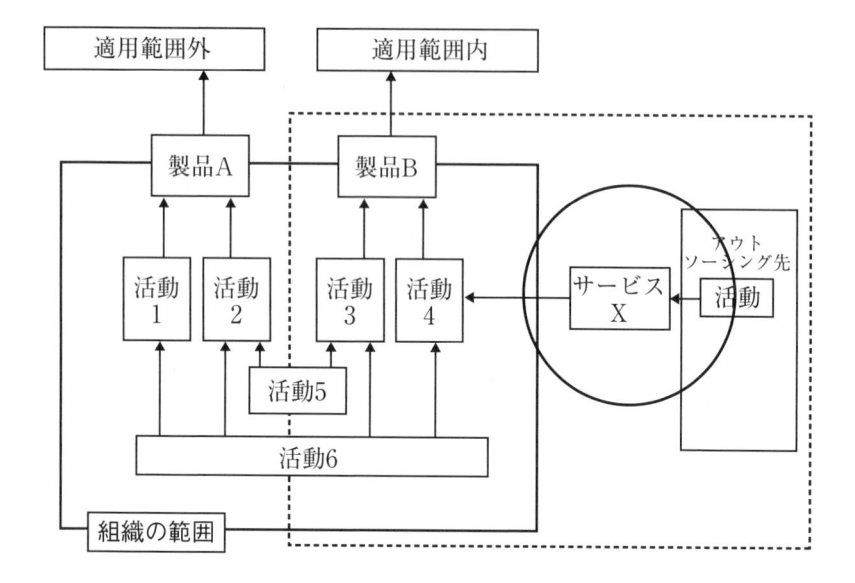

第6章
BCMSと他のマネジメントシステムとの統合
（執筆者：中川将征）

本章では事業継続マネジメントシステムのISO 22301が、本格的に今後のすべてのISOマネジメントシステムの将来像を示した「共通の上位構造」を採用し開発されたという背景を受け、統合マネジメントシステムとの関連という観点からBCMS規格を解説する。

事業継続マネジメントシステムは数あるISOマネジメントシステム規格のなかでも、その名のとおり「事業」そのものを取り扱うものであるためISO 22301にもとづくマネジメントシステム構築時には、その点を十分に考慮してISOと事業との融合を図り、ISO 22301の真価を発揮することが重要である。

第6章　BCMSと他のマネジメントシステムとの統合

6.1 統合マネジメントシステムとは

(1) 統合マネジメントシステムの背景

　ISOでは長らく統合マネジメントシステムに関する議論がなされてきた。ISO 9001品質マネジメントシステム規格に始まり、環境マネジメントシステムのISO 14001、情報セキュリティマネジメントシステム規格のISO 27001などの各種のマネジメントシステム規格が、ときどきの世のニーズを背景に段階的に開発され浸透してきた。これにより、多くの企業はそれらのマネジメントシステムを積極的に、しかし段階的に導入することとなり、結果としてそれらの企業は新たな課題に直面することになった。つまりISOの段階的導入に伴う各マネジメントシステムの個別プロセスでの重複、それに伴う管理作業の増大、そしてISOと実務との乖離という現象である。

　よく知られているように、ISO 9001が開発された当初、規格の主眼はいわゆる生産サイトにおける不良品の低減、つまり経営的視点というよりはオペレーション的視点が中心であった。その後2000年版への改定を経て、その名のとおり経営的視点からのマネジメントシステム規格へと発展し、その「経営」的視点や「プロセスアプローチ」がコンセプトとして確立され、以降の規格へと引き継がれることとなった。また、ISO 14001では初めてPDCAサイクルといわれるスパイラルモデルがISOに採用され、継続的な改善の概念がより明確にされ、このコンセプトもその後の各種の規格の開発及び改定時にそれぞれ引き継がれることとなった。

　しかし、さまざまな利害関係者の意見をとりまとめるには時期尚早であったため、これらの規格の「統合」の議論については、各種の関係者を巻き込んで長らく議論されながらも、その「両立性」「使いやすさ」「網

羅性」「柔軟性」を向上するというコンセプトの合意以外は遅々として進まなかった(この合意は、マネジメントシステム規格がもつべき一般原則として「ISO Guide 72」(マネジメントシステム規格の正当性及び作成に関する指針)に定められた)。そのため、段階的に発表されるさまざまなISOのマネジメントシステム規格に対して、企業は独自の努力によりそれぞれのシステムの統合のあり方を模索せねばならなかった。

　これらの背景を受け、ISOの開発とは別に、2006年には英国規格協会が民間企業からの要請を受けて、『PAS 99　統合マネジメントシステム』(Specification of common management system requirements as a framework for Integration)を発行した。この規格は世界で初めて「統合マネジメントシステム」の要求事項をいわゆる仕様書として仕上げたという点では意欲的な取組みといえる。

　PAS 99は複数の規格を利用する組織向けに、各プロセス、各システムを一つの構造に整合させる体系を示している。PAS 99：2006は前述のISO Guide 72にもとづき、①方針、②計画、③実施及び運用、④パフォーマンス評価、⑤改善、⑥マネジメントレビューの6つの要求事項を、PDCAのフレームワークに当てはめた形で構成されている。しかしPAS 99も「仕様書」と銘打ちながら、ISO 9001やISO 14001等の個別規格を不要とする規格ではなく、あくまでも共通部分を整理したものにすぎず、また、規格そのものがISO 14001やOHSAS 18001をベースにしたPDCAモデルを採用し、ISO 9001でのプロセスアプローチが解釈しがたいこと、また、リスクベースの規格をベースコンセプトにしたため、ISO 9001の取込みに際して「品質リスク」概念の整理が明瞭ではなかったことなどから、結果として、現実には「参考書」的な使われ方をしてきた。

　したがって、各種ISOマネジメントシステムを統合した規格の議論は継続して実施されてきたが、残念ながら万能薬のような規格は存在し

ない。また、規格自体の発展の方向も、より詳細にパフォーマンス要求を規定するようなセクター規格化への方向もあれば、新しい管理対象に対するISOもある。さらに大きなCSRやリスクマネジメントといった概念をまとめた参考書的規格も発行されるなど、規格自体は世の中のニーズを受けてさまざまな領域へと拡大している。

このようななかで、ISOではマネジメントシステム規格の整合化をはかるために各マネジメントシステム規格に共通の上位構造、つまり規格の構成(章立て)、要求事項や用語及び定義に関し議論を重ね、『ISO Guide 83 High level structure, identical core text and common terms and core definitions for use in Management Systems Standards』(マネジメントシステム規格における利用のための上位構造、共通の中核となるテキストならびに共通用語及び中核となる定義)という規格を開発し2012年に承認した。これは前述の「ISO Guide 72」とともに、『統合版ISO』の指針としてISO/IEC Directives(専門業務用指針)のAnnex(附属書)SLに取り込まれることになった(現在は2013年版)。

つまり、Guide 72で示された大きな枠組みのレベルではなく、具体的な章立て、また、要求事項そのもの(テキスト)や用語、定義等について、今後開発される新規規格や改定されるすべてのマネジメントシステム規格は、このAnnex SLで示されるものが適用されることになった。2012年にISO化されたBCMSの規格であるISO 22301は、世界で初めてこの共通マネジメントシステム規格を採用して作成された規格である。

(2) Annex SLの上位構造、共通の中核となるテキスト

BCMS規格であるISO 22301は、前述のAnnex SLの構造を採用した最初の規格である。このAnnex SLのAppendix2の構成は**図表6.1**のとおりであり、10章立ての構成となっている。

これまでの他のISOマネジメントシステム規格で要求されている要

6.1 統合マネジメントシステムとは

図表6.1　Annex SL Appendix2：2013

- 序文
- 1　適用範囲
- 2　引用規格
- 3　用語及び定義
- 4　組織の状況
    - 4.1　組織及びその状況の理解
    - 4.2　利害関係者のニーズ及び期待の理解
    - 4.3　XXXマネジメントシステムの適用範囲の決定
    - 4.4　XXXマネジメントシステム
- 5　リーダーシップ
    - 5.1　リーダーシップ及びコミットメント
    - 5.2　方針
    - 5.3　組織の役割,責任及び権限
- 6　計画
    - 6.1　リスク及び機会への取組み
    - 6.2　XXX目的及びそれを達成するための計画策定
- 7　支援
    - 7.1　資源
    - 7.2　力量
    - 7.3　認識
    - 7.4　コミュニケーション
    - 7.5　文書化された情報
        - 7.5.1　一般
        - 7.5.2　作成及び更新
        - 7.5.3　文書化された情報の管理
- 8　運用
    - 8.1　運用の計画及び管理
- 9　パフォーマンス評価
    - 9.1　監視,測定,分析及び評価
    - 9.2　内部監査
    - 9.3　マネジメントレビュー
- 10　改善
    - 10.1　不適合及び是正処置
    - 10.2　継続的改善

素がほぼカバーされていることがわかるとともに、いくつかの重要な変更がなされていることに気づくだろう。以下、順次解説していく。

　まず、この「上位構造・共通テキスト」は、タイプAの規格、つまり要求事項のマネジメントシステム規格には原則としてすべて適用される。また、これらの「上位構造」、つまり「箇条4　組織の状況」や「箇条5　リーダーシップ」といった階層では、その順序やタイトルは変えてはならないとされている。さらに、「共通テキスト」については、本文のみならず、下位箇条の「箇条8.1　運用の計画及び管理」といった箇条番号及びタイトルも含まれる。これらの上位構造や共通テキスト、用語・定義が使用できない場合は、その理由を TC/SC/PC から ISO 中

央事務局に通知し、TMB に諮ることになるが、その対象は分野固有の特殊事情などに限定されることになる。つまり、今後すべてのマネジメントシステム規格（要求事項）は、新規発行、あるいは改定時にこの構造を採用しなければならず、この意味において箇条8を除く共通要素についてはようやく、マネジメントシステムのフレームの解釈が固定されたということができる。

　ただし、企業はこれまでも Guide 72 や PAS 99 をベースに自身の統合マネジメントシステムの共通フレームについては、試行錯誤しながら組織が動きやすいように独自に導入してきたはずである。この Appendix2 は、あくまでも要求事項であるマネジメントシステム規格の共通フレームを定義したものであり、すでに組織固有で構築された統合マネジメントシステムの構造を、これに合致させねばならないという意味ではないということには、くれぐれも注意していただきたい。この共通フレームの要素が満たされていればよいだけのことであり、「ビジネスプロセスを規格に合わせる」という本末転倒な結果にならぬよう留意いただきたい。この Annex SL の Appendix2 に従って発行されたマネジメントシステム規格については ISO 22301 が初めての規格であるが、今後さまざまな規格が同様にこの Annex SL にもとづいてその規格の構成を改定していくことになる。

6.2　BCMS におけるシステムの「統合」

（1）　Annex SLとISO 22301規格

　BCMS 規格の ISO 22301 の構成は**第2章**ですでに示したように Annex SL の上位構造と同じであり、下位の箇条では箇条5の一部が BCMS 固有の要素を残すため構成がやや異なるものの、内容的には Annex SL そのものと同じである。したがって、BCMS 固有の要求事項

6.2 BCMSにおけるシステムの「統合」

は箇条8に集約されることになる。他のマネジメントシステム規格については、この箇条8がその規格固有の要求事項を示すものになる。箇条8では、BS 25999のPart-1及びPart-2で求められているビジネスインパクト分析やリスクアセスメント、戦略の決定や事業継続計画策定、演習等が求められているが、これらの詳細については**第2章**での解説を参照願いたい。ここでは、Annex SLとISO 22301の構成を参照しつつ、新しい上位構造や共通テキストの特徴について述べる。

すでに述べてきたが、ISO規格にはそれぞれ社会的背景やニーズがあり、個別に開発されてきた。そのなかで、ISO 9001ではプロセスアプローチ、ISO 14001ではPDCAのスパイラルモデル、あるいはその他の規格では導入順や時系列での構成など、規格の構成や概念一つとっても、これまではさまざまなケースが存在した。しかし、今回のAnnex SLはあくまでもマネジメントシステムとしての「要素」間の繋がりに注目して要求事項が記述されており、PDCAモデルやプロセスアプローチなどは各マネジメントシステムの判断で採用可能とされている。これにより、組織はこのAnnex SLを参考にするにしても、それぞれが構築し、運用してきたマネジメントシステムについて無理なく新しい規格への準拠性を担保することができるだろう。

今回のAnnex SLの特徴は以下の3点にまとめることができる。

1. 組織の状況
2. 事業プロセスへの要求事項の統合
3. 「リスク」と「機会」の決定、及び「予防処置」の発展的解消

(2) 組織の状況

Annex SL及びISO 22301では、箇条4として「組織の状況」という上位構造を与えている。この「組織の状況」の要求の背景は、組織の「変化」への対応能力をマネジメントシステムに付与することを目的として

第6章　BCMSと他のマネジメントシステムとの統合

いる。つまり、グローバル社会におけるさまざまなビジネス環境の変化、また、それらの変化に伴う組織の課題や利害関係者のニーズ等の変化を把握し、さらに、それらの期待値に対して組織自身がどのようにマネジメントシステムを運用し、「どのような成果が達成できれば、それら期待値に対して応えられたことになるのか」について、組織は現状のレビューを確実に行い、マネジメントシステムへの取組みに対しての「経営的視点」を確実にすることを要求しているものである。

「ISOの仕組みが単なるオペレーション上の課題への対処ではなく、まさに経営的視点での取組みである」という認識はBCMSにおいては議論の余地のないことであり、BCMSに関与されている方々にとっては自然に理解できるものであろう。しかし、残念ながらISO 14001やISO 9001などの既存のマネジメントシステム規格の世界では、このよ

図表6.2　CSRとBCMのアプローチの共通点

- ステークホルダーは誰か、ニーズは何なのか
- 組織はどのようにステークホルダーのニーズを満たすか
- 組織の活動に対する潜在的な脅威
- 脅威が発生する確率
- 組織はどのようなインパクトを受けるか
- 誰がインパクトを受けるか：どのステークホルダーか？
- インパクトの範囲：評判、法令・契約上の義務、財務的な存続性、環境的ダメージなど

　　　　　　　　　　　　　　　　　　　　｝CSRと同様

・復旧までどれだけの時間が掛かるか？
・目標の「復旧時間」や「復旧レベル」は？

　　　　　　　　　　　　　　　　　　　　｝BCM固有

　企業が復旧にかかる時間は企業の復旧能力から導き出されるが、マーケット（ステークホルダー全般を含む）から与えられる復旧のために許容される時間はその企業の規模やマーケットにおける立場、公共性などにも関係する。

6.2 BCMSにおけるシステムの「統合」

うな経営的視点の欠落により、単にライセンスとしての役割しか果たさないようなシステムの形骸化が問われて久しい。Annex SL及びISO 22301では、上位構造において、まずこれらの組織の課題を明確にすることを求め、マネジメントシステムの適用範囲を決定する流れへと繋げることを求めている。このアプローチは「適用範囲」の章でも述べたように一般的なCSR的アプローチとも同様であり、広義でのリスクマネジメントにも繋がるものである(**図表6.2**)。

(3) 事業プロセスへの要求事項の統合

次に、Annex SL及びISO 22301は「事業プロセスへの要求事項の統合」を求めている。事業とマネジメントシステムの統合・融合を思考した、トップマネジメントに対する要求事項である。両規格ともに、注記にて「この規格で"事業"という場合、それは組織の存在の目的の中核となる活動という広義の意味で解釈することが望ましい」と定義している。これも、事業継続マネジメントシステムにとっては当たり前すぎる話で議論の余地のないところであるが、他の規格、特に狭義では「中核事業」そのものを管理するための規格ではない、ISO 14001のようなものを想定すると理解しやすいであろう。つまり、組織本来のビジネスプロセスとリンクしない活動をISOのために必死で実施し、それが結果的に業務阻害のレベルにまで陥っているような本末転倒の例があまりに多いということである。例えば生産サイトにおける省エネ活動や、オフィスにおける紙ごみ削減活動などを必死に行い、形式上のマネジメントシステムは機能しているように見えるが、組織にとって重要な購買・調達部門においても紙ごみ削減、省エネを実施していたとしたらどうだろうか。それは決してビジネスプロセスとリンクした活動ということはできないだろう。Annex SLではこのような本質的でない活動を、ISOとしては求めていないということを今まで以上に明確にしたということが

いえる。もちろん、この点についてはこれまでもさまざまな形で問題提起されてきており、決して目新しいものではない。しかし、事業との融合・統合を明確に要求事項中に記載し強化することは非常に重要な改定のポイントであり、十分に留意いただきたい。ここでは例としてISO 14001を出したがもちろん他の規格でも同様である。

(4)「リスク」と「機会」の決定、及び「予防処置」の発展的解消

前に述べたPAS 99も同様の課題に直面していたが、ISO 9001にはそもそも「リスク」の概念は厳密には含まれておらず、要求事項としてのいわゆるリスクアセスメントは存在しない。そのため、今回のAnnex SL及びISO 22301ではあらためて2009年に発行されたISO 31000(リスクマネジメント-原則及び指針)規格で整理された概念を導入し、「リスク」について再定義を行った。ISOでいう「リスク」とは、「不確かさの影響(Effect of uncertainty)」であり、その側面としては「好ましい(positive)」と「好ましくない(negative)」の2つがある、というものである。

この概念が世に出されたときには、ISOの世界で働く多くの専門家が戸惑ったようである。表現等に多少の差異はあるものの、それまでの一般的な解釈は「危険度×暴露×脆弱性」といったオペレーション的視点の比較的わかりやすい捉え方が主流であり、組織全体の経営的視点や財務的視点からの「リスク」という概念にあまり馴染みがなかったためである。

しかし、この「不確実さ」がリスクであるという解釈は、ビジネスの実務レベル、特にオペレーションというより経営管理的な使い方としては日常的に我々も使用する概念といえる。例えば、売上の数値目標を立てた際に、その目標に対してブレる可能性を「リスク」という概念で日々、口にしているはずである。もちろん通常は、それが「目標を達成

6.2 BCMSにおけるシステムの「統合」

できないリスク」といった表現でネガティブ方向を指しがちだが、上ブレも「リスク」である。つまり制御不能な、予測不可能な何らかの事象により上ブレしたということは、不確実性そのものであり、これがリスクということである。多くの企業においてこのような概念は、決して難しい概念ではない。

あるセミナーでの講演の際に参加者から「BCMSにおける"好ましいリスク"の意味がわからないので教えて欲しい」という問い合わせを受けたことがある。リスクというものをオペレーション的視点から取り扱っている方々には確かに言葉として理解しがたいかもしれないが、シンプルに考えていただきたい。例えば、ある組織があるビジネスプロセスの目標復旧時間（RTO）を7時間と設定したとする。その組織はさまざまな分析や仮説にもとづきこのRTOを設定したが、実現可能性について演習を通じて妥当性の検証を行ったところ、事象としては3時間で復旧ができたとする。そうすると、本来は積み上げた論理にもとづけば7時間かかるということが不確実性のないリスクのない状態であるにも関わらず、それが上ブレしたということは、①仮説に不備があり、本来は3時間が正しい、あるいは、②何らかの偶然が重なった偶発的事象、のどちらかの原因があることになる。これが「好ましいリスク」である。上ブレも再現性がなくては「管理された状態」ではないということに留意する必要がある。

一方で、なかなか理解が難しいポイントは「ビジネス機会（Opportunity）」の捉え方であろう。残念ながら、現時点でAnnex SLにもISO 22301にもその定義はないため、ISOとしての用語の整理には今しばらく時間を要すると思われる。従前はどちらかといえばリスクがネガティブなものであり、その反意語的な使われ方としてビジネス機会という言葉が使われてきた。しかしリスクがあくまでもある設定された目的に対する「不確かさの影響」を意味し、そこにマイナスとプラスの

第6章　BCMSと他のマネジメントシステムとの統合

両側面の意が包含されるならば、ビジネス機会という概念はどのように整理したらよいのだろうか。

これは「予防処置」の発展的解消という点と合わせて考えて整理すべきである。Annex SLを見れば最初に気づくことであるが、「予防処置」については発展的に解消されている。全般的コメントのなかに「この上位構造及び共通テキストには、"予防処置"の特定の要求事項に関する箇条がない。これは、正式なマネジメントシステムの重要な目的の一つが、予防的なツールとしての役目をもつためである」という記述がある。

これらより、一つの整理の仕方として、**図表6.3**のように考えることが可能であろう。

つまり、大きく分類するとまず組織にとって「リスク」と「ビジネス機会」があり、ここでの「ビジネス機会」とはリスクマネジメントの対

図表6.3　リスクからビジネス機会へのアプローチ

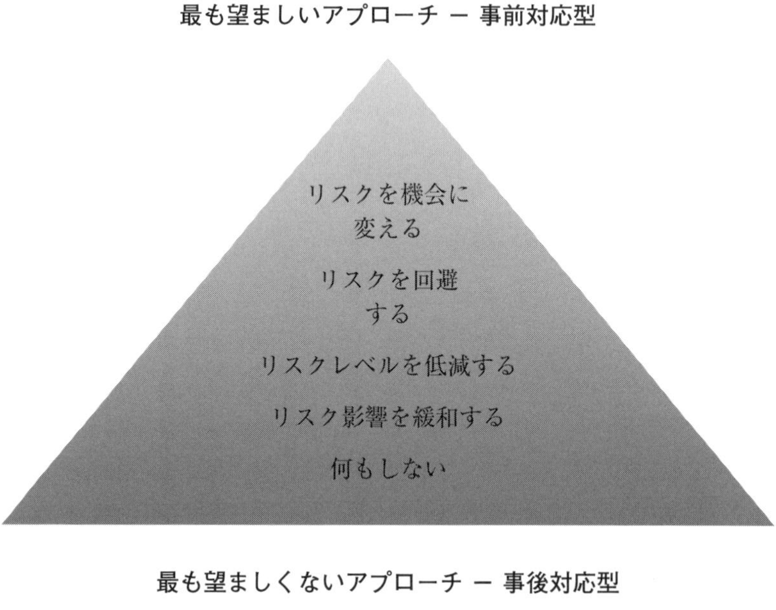

最も望ましいアプローチ － 事前対応型

- リスクを機会に変える
- リスクを回避する
- リスクレベルを低減する
- リスク影響を緩和する
- 何もしない

最も望ましくないアプローチ － 事後対応型

6.2 BCMSにおけるシステムの「統合」

象とすべきその対象事象そのものを、より大きな視点からビジネスチャンスへと変化させる大きな予防的アプローチであり、規格でいえばこれはシステム自体を指すと理解できる。また、この流れは規格要求事項では「箇条6.1　リスク及び機会への取組み」に「～4.1に規定する課題及び4.2に規定する要求事項を考慮し～(中略)～リスク及び機会を決定しなければならない」で示されている。

例えば、よく知られるネスレのCSV(Creating Shared Value)のような考え方はそのような好例であるといえるだろう。原料のコーヒー豆の調達に関して、単に「調達リスク」の低減という捉え方でそのリスクを「低減」「受容」「移転」「終了」というマネジメント手法のみで捉えるのではなく、積極的にその課題をビジネスチャンスへと転換するアプローチを試みた。具体的には、フェアトレードで交流するということではなく、南米等の小規模コーヒー農家に栽培技術・ノウハウを供与し資金援助を行うことにより、高品質コーヒーの安定調達を実現したのである。これはまさに予防的なアプローチによりリスク事象をビジネス機会へと転換した例ということができる。

(5) BCMSにとっての「統合」の方向性

ISO 22301はAnnex SLのAppendix2、つまり統合フレームワークとしての上位構造と共通テキストについて、初めて正式に採用した規格である。その意味において、今後BCMSに取り組む人々にとっては非常にわかりやすい規格として整理されたことは幸運なことである。事業継続マネジメントはまさに事業そのものを対象としたものであり、今回のAnnex SLのポイントである3点はすべて、BCMSに強く関係している。事業継続の仕組みは、変化するさまざまな組織のビジネス環境を背景に対応せねばならず、したがって事業プロセスとマネジメントシステムを確実に統合・融合することを経営者自身がコミットし、リスクのみなら

第6章　BCMSと他のマネジメントシステムとの統合

ず、リスクをビジネスチャンスへと転換することにより、組織の事業目的や利害関係者の便益を保護する。そして、一企業だけの活動ではなく広く地域社会を含む社会全体の公益性へのダメージを最小化するための取組み、それが「社会セキュリティ」の概念であり、BCMSの目指す先である。

したがって、BCMS規格への取組みは、以下のようにまとめることができる。

1. BCMSは「事業」を扱うものであり、事業の「実務」と融合・統合されねばならない。
2. そのためにもBCMSは既存の仕組みと融合・統合されねばならない。
3. 既存の仕組みはISOマネジメントシステムのみならず、危機管理部門、防災対応部門、リスクコミュニケーション部門、調達部門等々、すべての関連組織を巻き込んだ活動であるべきである。
4. 一企業だけでなく、サプライチェーン・バリューチェーンを巻き込んだ予防的活動である。
5. 一企業だけでなく、社会責任の一端を担う企業としての公益性を考慮した社会セキュリティの実現のための取組みである。

日本は依然としてさまざまな災害リスクに晒されているが、2011年3月11日を契機に国内の防災意識は間違いなく高まっている。今後も、各種の取組みは社会全体でも整備がますます進むであろうが、企業はそれらと統合し社会全体としてのレジリエンシーの向上を図ることが重要である。

参 考 文 献

[1] 中央防災会議 首都直下地震対策専門調査会:「首都直下地震対策専門調査会報告」(http://www.bousai.go.jp/kaigirep/chuobou/senmon/shutochokkajishinsenmon/pdf/houkoku.pdf)、2005 年

[2] 日本工業標準審査会(審議):『JIS Q 27001:2006(ISO/IEC 27001) 情報技術—セキュリティ技術—情報セキュリティマネジメントシステム—要求事項』、日本規格協会、2006 年

[3] 日本規格協会:『(対訳)BS 25999-1:2006 事業継続管理 第1部 実践規範』、2006 年

[4] 日本規格協会:『(対訳)ISO 31000:2009 リスクマネジメント—原則及び指針』、2009 年

[5] 日本規格協会:『(対訳)BS 25999-2:2007 事業継続マネジメント 第2部 仕様』、2007 年

[6] 日本情報経済社会推進協会:『BCMS ユーザーズガイド 2008』、2008 年

[7] BCI ジャパン:『事業継続マネジメントガイドライン:2008』、2008 年

[8] BCI ジャパン:『事業継続マネジメントガイドライン:2010』、2010 年

[9] 文部科学省:『全国地震動予測地図 平成22年(2010年) わが国の地震の将来予測』、文部科学省 研究開発局 地震・防災研究課、2010 年

[10] Asian Disaster Reduction Center:*Natural Disaster Data Book 2011*

[11] 日本規格協会:『(対訳)ISO 22301:2012 社会セキュリティ—事業継続マネジメントシステム—要求事項』、2012 年

[12] 日本規格協会:「(対訳)統合版 ISO 補足指針—ISO 専用手順」、『ISO/IEC 専用業務用指針 第1部 第9版』、2012 年及び 2013 年

[13] 内閣府:「南海トラフ巨大地震対策検討ワーキンググループ(第一次報告)(平成24年8月29日発表)」(http://www.bousai.go.jp/jishin/nankai/

参考文献

nankaitrough_info.html）

[14] 内閣府：「防災に関してとった措置の状況　平成24年度の防災に関する計画」、『平成24年版　防災白書』(http://www.bousai.go.jp/kaigirep/hakusho/pdf/H24_honbun_1-4bu.pdf)

[15] Federal government of the United States：*National Strategy for Global Supply Chain Security*, 2012

[16] 全国銀行協会：「政策提言レポート　東日本大震災における銀行界の対応と今後の課題　平成25年3月」(http://www.zenginkyo.or.jp/news/entryitems/news250327_1.pdf)

[17] 東京都ホームページ(http://www.metro.tokyo.jp/)

[18] 警視庁ホームページ(http://www.keishicho.metro.tokyo.jp/)

[19] 静岡県ホームページ(http://www.pref.shizuoka.jp/)

索　引

【英数字】

Annex SL　　180
BCM　　17
BCMS運営委員会　　32
BCMSパトロール　　108, 109, 111
BCMS文書体系　　52
BCMS方針　　35, 36
BCP　　17
　　──(行動計画表)　　143
　　──運用手順(文書、リスト、他)
　　　　146
　　──管理規程(管理文書)　　143
　　──策定手法　　136
　　──体制　　153
　　──の演習　　155
　　──の策定状況確認　　151
　　──の組織への定着　　155
　　──の有効性　　150
BIA　　64
　　──(事業影響度分析)　　151
Business Continuity Initiative　　9
CMP　　128
Good Practice Guideline　　9
Guide 72　　180
ISO 31000　　68, 75, 186
IT-BCP　　152
JIPDEC　　9, 160
JIS Q 31000　　75
MCA無線　　48, 83
MTPD　　65, 79, 80
NFPA1600　　10
PAS 99　　179
RLO　　66
RTO　　65
WiMAX通信環境　　48, 83

【あ　行】

アウトプット　　119, 121
安否　　96
　　──確認システム　　48
インシデント　　84, 85, 91, 92
インシデント対応　　85
　　──(初動対応段階)　　138
　　──基準　　88
　　──計画　　95, 97
　　──体制　　86
インシデントの記録　　112
インシデントマネジメント計画
　　100
インプット　　119
ウォークスルー　　104, 156
影響　　78
　　──度　　70, 71
衛生携帯電話　　48, 83
演習　　102, 104
　　──実施報告書　　102
　　──の種類　　104

【か　行】

解除　　94
改善　　122
外部委託管理　　174
外部コミュニケーション　　48

193

索　引

外部要因　24
可用性　96, 98
監査報告　116
監視　92, 105, 106
監視、測定、分析及び評価　107
完全性　96, 98
机上チェック　104, 156
機会　38
機密性　96, 98
教育・訓練　45
脅威度　70, 72
許容　74
　——可能レベル　74
　——停止時間　133
記録　49, 92
緊急時の連絡方法　82
緊急連絡先　93
クライシスマネジメント計画　128
クリティカルパス　134
訓練　104
経営資源　78, 97
軽減　78
警告　90, 91, 92
継続的改善　35, 124
結果事象型BCP　135
月次点検　108, 109
権限　37
検知　91
現場力　43
コアコンピタンス　20
公共　28
交通遮断　76
行動計画　147
コミットメント　30, 31
コミュニケーション　47, 48, 86, 90,

91, 92, 153
　——戦略　93
　——手順　85

【さ　行】

災害時行動基準及び連絡先　82
災害対応備品　83
最新版管理　54
最大許容停止時間　65
最適規範　9
最優先　86
サプライチェーン　2
サプライヤ　76, 77
暫定的処置　101
残留リスク　75
支援　44
事業影響度分析　63, 64, 67, 132
事業継続（復旧）対応の行動計画表　144
事業継続演習の計画　102
事業継続演習の報告　104
事業継続協会　9
事業継続計画　16, 17, 81, 93, 95, 97, 98
　——書　98
　——の枠組み　152
　——発動時　88
事業継続戦略　76, 77
事業継続対応（復旧段階）　140
事業継続手順　109
事業継続能力　77
事業継続の拠点　81
事業継続方針　20, 35, 41
事業継続マネジメント　16, 17
　——システム　16, 29

索　引

事業継続目的　40, 41, 42
試験　102
資源　44, 77
事象　55, 75
事前対策　78, 79
シナリオベースBCP　135
シミュレーション　104, 156
従業員　93
集合場所　83
重要な活動の演習　157
上位構造・共通テキスト　181
除外事項　28
初期・初動　87, 100
　──時　87
初動対応の行動計画表　139
進度　95
人命　86
数値化　72
ステークホルダーマネジメント　96
制限事項　74
ぜい弱度　70, 72
製品及びサービス　28, 97
責任　37, 96
是正処置　122, 124
是正報告　116
潜在的な影響　18, 19, 21
全事業継続計画の演習　157
想定外　128, 129
想定されるリスク　70
測定　105, 106
　──基準　106
組織存続の危機　128
組織の状況　18, 20
組織の目的　20, 24
組織の理解　151

【た　行】

対応策　74
対策本部　81, 95
第三者認証制度　160
達成計画　42
短縮　78, 79
地域社会　28
中断・阻害　18, 84, 85
低減　78, 79
適用範囲　27, 28, 164, 169
手順書　99
統合マネジメントシステム　178
トップマネジメント　30, 31, 32, 34
トランシーバ　48, 83

【な　行】

内部監査　35, 107, 113
　──員教育　114
　──計画　115
　──体制　114
内部コミュニケーション　47, 48
内部要因　24
日本情報経済社会推進協会　160
認識　46

【は　行】

発生事象型BCP　135
発動　86, 93, 96, 97, 98
　──基準　87, 94, 97, 98
パフォーマンス　106, 108
　──評価　105, 107, 110
ビジネス機会　187
非常用発電機　83
避難時の行動基準　89

195

索　引

評価　105, 106
福利厚生　93
復旧　97, 101
　　──(平常活動復帰)対応の行動計画
　　　　表　145
　　──対応(平常活動復帰段階)
　　　　142
復旧優先順位　66, 97
不適合　122
文書　49
　　──化　49
分析　105, 106
報告　92
方針　35
法令・規制　27
保管　98
保護　78
ボトルネック　134

【ま　行】

待合せ場所　83
マネジメントレビュー　35, 107,
　　117, 119
メディア対応　93
目標復旧時間　65, 66, 97, 133
目標復旧レベル　66, 97
モニタリング　108

【や　行】

役割　37, 96
有効性　106, 108

優先事業活動　106
要員　45
抑制　78, 79
予防処置　124

【ら　行】

ライフライン　96
リーダーシップ　30, 31
利害関係者　47, 48, 93
　　──のニーズ　28
　　──のニーズ及び期待　25, 26
力量　44
　　──評価　45
リスク　38, 75
　　──アセスメント　63, 68, 152
　　──基準　25, 75
　　──許容可能レベル　34, 74
　　──許容基準　34
　　──源　70, 75
　　──コミュニケーション　96
　　──選好　18, 22, 23, 78
リスク対応　73, 75, 81
　　──計画　79, 80
　　──対応策　78
リスク特定　69, 75
リスクの許容　74
リスク評価　72, 75
リスク分析　70, 71, 75
リスクレベル　70, 72, 74, 75
リソースベースBCP　135

■著者紹介

佐藤　学(さとう　まなぶ)

執筆担当：第2章

　現在　リコージャパン㈱　販売戦略本部　シニアコンサルタント　BCP策定研修会講師、BCPセミナー講師、BCM及びBCMS構築コンサルティング　情報セキュリティセミナー講師、ISMS構築コンサルティング

【保有資格と活動】

IRCA登録BCMS審査員補(登録番号：1198111)、JRCA登録ISMS審査員補(登録番号：ISJ-CO6232)、英国事業継続協会AMBCI、公益財団法人 静岡県産業振興財団登録専門家(登録番号：24024、専門分野：BCMS、ISMS)、一般社団法人BCMSユーザーG個人会員、特定非営利活動法人事業継続推進機構個人会員

【著作等の権利状況】

ソフトウェア著作権　P第9578号-1「リスクアセスメント及びリスク対応に関するソフトウェア」

ビジネスモデル特許　B3939904「文書管理のワークフローに関するソフトウエア」

ビジネスモデル特許　B5052053「アクセス権管理の棚卸に関するソフトウエア」

羽田　卓郎(はねだ　たくろう)

執筆担当：第3章、第4章

1970年　昭和石油㈱(現：昭和シェル石油)入社

1990年　ICT子会社出向：情報セキュリティGマネージャー

2002年　情報セキュリティコンサルティング会社　技術部長兼執行役員

2003年　リコー・ヒューマン・クリエイツ㈱　リコー情報セキュリティ研究センター副所長

　現在　リコージャパン㈱　販売戦略本部　エグゼクティブコンサルタント

【保有資格と活動】

ISO 22301(BCMS)審査員補、AMBCI会員(BCI日本支部個人会員)、ISO/IEC 27001主任審査員、ISO 9001審査員補、情報セキュリティアドミニストレータ、日本ISMSユーザーグループ(インプリメント研究会主査)、ISO/IEC JTC 1/SC27 WG1(情報処理学会　情報規格調査会 27000シリーズ規格標準化作業グループ)リエゾンメンバー、マインドマップアドバイザー

ISO 22301(BCMS)認証取得支援、BCP策定支援、ISO/IEC 27001(ISMS)認証取得支援、ISMS運用・強化支援、ISO/IEC27001審査員研修主任講師、BCP及びISMS関連各種研修講師、BCP及びISMSのセミナー講演多数。著作に『個人情報保護法と企業対応』(共著、清文社)。

中川　将征(なかがわ　まさゆき)

執筆担当：第1章、第5章、第6章

　大手経営コンサルティング会社を経て英国規格協会において事業継続マネジメント規格の開発責任者とともに世界への普及啓発及び国内への制度導入に携わる。一般社団法人 日本情報経済社会推進協会(JIPDEC)によるBCMS実証運用制度において技術部会委員を務め、制度立ち上げ及びBCMSユーザーズガイドの発行に寄与。

　現在、ビューローベリタスジャパン㈱　システム認証事業本部　執行役員　戦略事業部　統括部長。事業継続マネジメントシステム主任審査員コース認定講師、東北大学　環境経営基礎学　非常勤講師。

■資料提供

㈱内藤製作所(住所：山梨県甲斐市下今井 627-1)

　内藤健一

　内藤茂実

ISO 22301 で構築する事業継続マネジメントシステム

2013 年 11 月 28 日　第 1 刷発行

著　者	佐藤　　学
	羽田　卓郎
	中川　将征
発行人	田中　　健

検印
省略

発行所　株式会社　日科技連出版社
〒 151-0051　東京都渋谷区千駄ヶ谷 5-4-2
電話　出版　03-5379-1244
　　　営業　03-5379-1238〜9
振替口座　東京 00170-1-7309

印刷・製本　三秀舎

Printed in Japan

Ⓒ *Manabu Satoh, Takuro haneda, Masayuki Nakagawa 2013*
ISBN 978-4-8171-9486-2
URL　http://www.juse-p.co.jp/

本書の全部または一部を無断で複写複製(コピー)することは、著作権法上での例外を除き、禁じられています。